AI는 인류가 지금까지 개발한 기술 가운데 가장 혁신적입니다.
그 영향력은 불이나 전기보다 더 큰 변화를 가져올 것입니다.

AI is one of the most profound things we're working on as humanity.
It is more profound than fire or electricity.

순다르 피차이
Sundar Pichai, 구글 CEO

이젠 AIEO입니다!

"기술이 세상을 바꾼다"라는 말을 들을 때마다 늘 구태의연하다고 생각했습니다. 그런데 기술은 결국 사람의 행동을 바꾸고, 사람의 행동이 바뀌면 시장의 규칙이 바뀝니다. 시장의 규칙이 바뀌는 순간, 누군가는 밀려나고 반대로 누군가는 기회를 잡습니다.

이러한 변화를 20년 전에 한 번 경험했습니다. 2005년, 전 세계 PR 산업에서 가장 규모가 큰 회사인 에델만^{Edelman}에서 일하던 어느 날 〈비즈니스위크〉 표지의 한 문장을 마주했습니다.

"Blogs Will Change Your Business."
블로그가 당신의 비즈니스를 바꿀 것입니다.

블로그라는 용어 자체도 생소할 때였지만, 저는 이 문장을 비즈니스 커뮤니케이션의 규칙이 바뀐다는 일종의 신호로 받아들였습니다. 이후 PR 팀을 구성하여 고객들에게 비즈니스 블로그에 기반한 서비스를 제공해 여러 성과를 이뤄 냈습니다. 또한 소셜링크^{SocialLink}라는 회사를 설립해 3년간 운영하면서 온라인 글쓰기를 '스킬'이 아니라 '비즈니스 커뮤니케이션 시스템'으로 다루는 법을 배웠습니다.

새로운 기회인 AI, 사람들의 행동을 바꾸기 시작하다

그리고 20년이 지난 지금, 그때와 비슷한 느낌을 다시 받았습니다. 이번에는 AI입니다. 2024년 메시지하우스 Message House 를 설립한 뒤, AI가 PR·콘텐츠·리더십 커뮤니케이션에 끼치는 변화를 연구하고 관련 서비스들을 고도화해 왔습니다. 그 과정에서 검색의 규칙이 빠르게 바뀌고 있다는 것을 체감했습니다. 비즈니스 현장에서는 늘 비슷한 질문이 오갔습니다.

"요즘 검색해서 들어오는 사람이 점점 줄고 있어요."

"클릭 전환율이 저조해요. 다들 AI 답의 답변만 보고 끝내는 것 같아요."

"우리는 글을 열심히 쓰는데 AI에서는 왜 경쟁사만 나올까요?"

그러던 중 GEO Generative Engine Optimization 라는 키워드를 접했습니다. 하지만 마케터와 실무자에게는 다소 기술적인 용어여서 생소하고 막연할 것 같았습니다. 그래서 이 주제를 기술 트렌드로만 한정해서 다루고 싶지 않았습니다. 기술이 바꿔 놓은 사람들의 행동, 즉 '정보를 소비하는 방식'의 변화를 설명하고 싶었습니다.

AI가 가져가기 좋은 글로 바꾸는 전략, AIEO

비즈니스 현장의 대화 속에서 한 가지 결론에 도달했습니다. 사람들이 클릭하지 않는다면 AI가 대신 읽고 요약해서 전달하도록 설계해야 한다는 것이죠. 다양한 실험과 연구 끝에 AI는 글 전체를 정독하지 않고 필요한 몇몇 문장이나 단락만 골라 가져다 쓴다는 사실도 알아냈습니다. 이제 경쟁의 단위가 '콘텐츠 한 편'에서 AI가 집어 들기 좋은 문장과 구조(청크)로 바뀐 것입니다.

이 흐름을 AIEO AI Information Engine Optimization 라고 정의했습니다. 그리고 실무자들이 더 이상 감으로 버티지 않도록 인용되는 콘텐츠의 기준과 루틴을 만들고 싶었습니다. AIEO 글쓰기의 핵심 원칙은 AI가 인용할 수 있게 구조를 설계하는 것과, 인간이 끝까지 읽게 표현을 다듬는 '이중 글쓰기' 입니다.

이제 여러분이 새로운 기회를 잡을 때입니다

이 책의 목적은 단순합니다. 책을 읽고 나서 다음 3가지를 얻는 것입니다.

- 내 글에서 AI가 인용할 문장을 AIEO 기준으로 판단한다.
- 운영하는 소셜 미디어 채널별로 무엇을 어떻게 바꿔야 하는지 우선순위를 세운다.
- 새 글 위주로 쓰는 것보다 예전 글을 살리는 리라이팅을 습관으로 만든다.

AI는 지금 이 순간에도 웹상의 텍스트를 읽고 학습하고 있습니다. 여러분이 발행하는 콘텐츠가 AI의 답변 속에 신뢰할 수 있는 적확한 정보로 각인되어야 앞으로 벌어질 검색 전쟁에서 살아남을 수 있습니다.

20년 전 마주했던 "Blogs Will Change Your Business"라는 문장이 저한테 기회를 열어 줬다면, 지금 이 책이 AI 시대의 변화 속에서 또 다른 기회를 찾는 여러분에게 출발점이 되었으면 합니다.

오늘 내가 다듬는 한 문장이 내일 누군가가 요청한 AI 답변에 인용될 수 있다는 것을 기억하기 바랍니다.

이중대 드림

AI가 인용하는 콘텐츠만 살아남는다!

20년 넘게 PR 현장에서 저자와 함께 경쟁하고 성장해 온 동료로서 이 책이 출간되었다는 소식을 듣고 누구보다 반가웠습니다. 클릭이 아닌 '인용'이 비즈니스의 미래가 된 지금, 드디어 **마케터와 PR 실무자의 필독서**가 나타났습니다.

SEO를 넘어 AIEO라는 새로운 프레임, 그리고 당장 현장에서 써먹을 수 있는 실전 전략까지 AI 시대 콘텐츠 생존법을 고민하는 모든 분께 강력히 추천합니다.

- 문경호, 플랜얼라이언스 대표(PR 회사, AI 기반 PR 전문가)

AI 시대의 글쓰기 비법이 담긴 필독서입니다!

기술이나 트렌드를 앞세우기보다 **AI와 사람이 문장을 어떻게 읽고 판단하는지**를 논리적으로 풀어냅니다. 특히 '한 문장'이 인용되고 기억되는 조건을 구조적으로 설명해 PR, 마케팅, 커뮤니케이션 현업에서 사용하기 좋은 **이론과 실용을 겸비**한 도서입니다.

메시지를 감각이 아니라 **설계의 영역**으로 바라보아야 한다고 강조한 점이 가장 인상깊었습니다. 그간 수많은 브랜드를 경험하며 느껴 온 저자의 다양한 경험이 녹아 있어서 정말 유용했습니다.

- 김보경, 마름모연구소 대표(인바운드 마케팅 컨설팅 회사, SEO & GEO 전문가)

마케팅, 브랜딩의 문법을 다시 쓰다!

전통 PR의 시대에는 '노출'에 열띤 전쟁을 했다면, 이제는 AI의 선택을 받는 '인용'의 시대로 접어들었습니다. 저자는 **SEO**라는 익숙한 지도를 넘어 **AIEO라는 새로운 항로를 제시**하며 변화하는 미디어 생태계에서 기업과 브랜드가 생존할 전략을 명확하게 짚어 줍니다.

데이터와 신뢰를 바탕으로 한 '증명된 콘텐츠'의 중요성을 강조하는 대목은 현장에 날카로운 영감을 줍니다. 급변하는 기술 세계에서 기업과 브랜드의 본질을 어떻게 전달할지 고민하는 **모든 커뮤니케이터**에게 이 책을 강력 추천합니다.

- 김은경, 닥터지 PR 팀장

차례

01장 클릭은 사라지고 인용이 남는다
— AI가 문장을 인용하는 시대

02장 AI는 어디서 답을 가져올까?
— 소셜 미디어 채널별 전략

03장 AI는 어떤 콘텐츠를 믿을까?
— EEAT, 토픽 권위도, 엔티티 현저성

03-2 토픽 권위도 — 주제를 명확하게 보여 주기

03-3 엔티티 현저성 — 이름을 반복해서 노출하기

04장 AI 시대의 문장 엔지니어링

04-1 이중 글쓰기 — AI가 인용하고 사람이 끝까지 읽는 문장

커뮤니티

✅ 성장하고 싶은 사람이 모인 곳, 'Do it! 스터디룸'에 방문해 보세요!

'Do it! 스터디룸'에서 이 책으로 공부하는 독자들을 만나 보세요. 혼자 시작해도 함께 끝낼 수 있어요. '두잇 공부단'에 참여해 책을 완독하고 인증하면 이지스퍼블리싱에서 출간한 책을 선물로 받을 수 있답니다!

Do it! 스터디룸:
cafe.naver.com/doitstudyroom

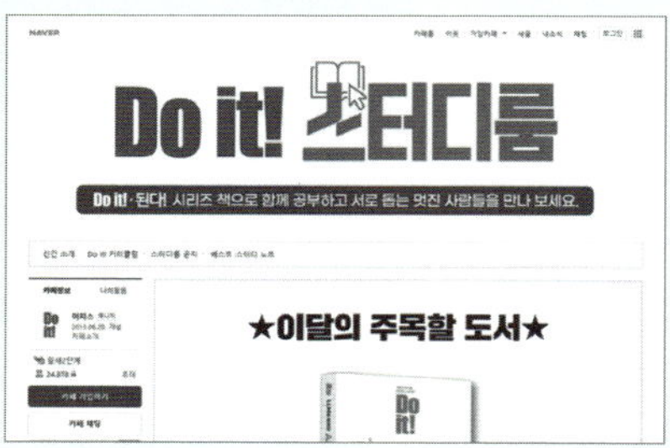

✅ 실무 노하우뿐만 아니라 정보까지 얻어 가는 '이지스퍼블리싱 블로그'

이지스퍼블리싱 블로그에서 책과 관련된 다양한 이야기를 만나 보세요! 실무에 도움되는 내용은 물론, 실생활에 필요한 정보까지 모두 얻어 갈 수 있습니다.

이지스퍼블리싱 블로그:
blog.naver.com/easyspub_it

온라인 독자 설문 | 보내 주신 의견을 소중하게 반영하겠습니다!

오른쪽 QR코드를 스캔하여 이 책에 대한 의견을 보내 주세요.
독자 여러분의 칭찬과 격려는 큰 힘이 됩니다.
더 좋은 책을 만들도록 노력하겠습니다.

의견을 남겨 주신 분께 드리는 혜택 6가지!

1 추첨을 통해 소정의 선물 증정   2 이 책의 업데이트 정보 및 개정 안내
3 저자가 보내는 새로운 소식   4 출간될 도서의 베타테스트 참여 기회
5 출판사 이벤트 소식   6 이지스 소식지 구독 기회

일러두기

▶ 이 책은 2026년 1월의 플랫폼 화면을 기준으로 합니다. 플랫폼의 업데이트로 디자인이나 메뉴 위치가 달라질 수 있으나, 핵심 기능과 메뉴명은 동일하므로 같은 이름을 찾아 실행하면 됩니다.

▶ 생성형 AI는 매번 새로운 답변을 만들어 냅니다. 책의 예시와 토씨 하나까지 똑같은 결과가 나오지 않더라도 괜찮습니다. AI 답변이 생성되는 '구조'와 '원리'에 집중해 주세요.

▶ 이 책은 독서용이 아니라 '실행용' 공략집입니다. 최상의 학습 효과를 위해 컴퓨터나 스마트폰과 함께 책에 수록된 '[복사해서 쓰세요] 템플릿'을 활용해 직접 따라 해보세요.

01장

클릭은 사라지고 인용이 남는다
— AI가 문장을 인용하는 시대

AI 검색 시대가 열리며 기존 SEO ^{Search Engine Optimization} 전략의 한계가 드러났습니다. 고객들은 더 이상 검색 링크를 일일이 클릭하지 않고, 챗GPT나 퍼플렉시티가 요약해 준 답변만 확인하고 떠납니다. 이는 과거의 경쟁이 '사람의 눈에 띄는(노출)' 싸움이었다면, 이제는 'AI의 선택을 받는(인용)' 싸움으로 판이 완전히 바뀌었음을 의미합니다.

이 새로운 전쟁터에서 승리하는 전략이 바로 AI 정보 엔진 최적화^{AI Information Engine Optimization, AIEO}입니다. SEO가 검색 창 노출에 집중했다면, AIEO는 AI가 생성하는 답변 속에 브랜드가 직접 인용되도록 콘텐츠를 설계하는 것입니다. 이 장에서는 검색의 시대가 저물고 인용의 시대가 열리는 과정을 추적하며, 클릭보다 '인용'이 왜 비즈니스의 생명줄인지, AI가 선택하는 콘텐츠의 비밀은 무엇인지 파헤쳐 보겠습니다.

4년 만에 98% 폭락, 체그가 남긴 경고

주가 조작이나 횡령 사건 이야기가 아닙니다. 북미 대학생들이 즐겨 쓰던 교육 플랫폼 체그 Chegg 이야기입니다. 체그는 과제 해결과 학습

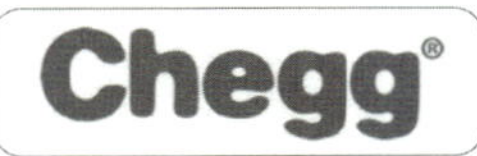

체그 로고

에 도움을 제공하는 구독 서비스로 수년간 성장 가도를 달렸습니다. 하지만 챗GPT ChatGPT가 등장한 2022년 말, 상황은 순식간에 급변했습니다. '무료 AI가 몇 초 만에 답해 주는데, 왜 돈을 내지?'라는 생각이 퍼졌고, 이윽고 학생들은 체그를 더 이상 사용하지 않았던 것입니다.

그 결과 2021년 1주당 113달러로 거래되던 체그 주식이 2025년 7월, 커피 1잔 값인 1달러 40센트까지 곤두박질쳤습니다. 불과 4년여 만에 체그의 가치 98%가 증발했습니다. 체그 주가 하락의 결과는 참혹했습니다. 체그의 매출은 전년 대비 30% 이상 감소했고 전체 인력의 22%가 구조조정 대상이 되었습니다. 절박해진 체그는 구글을 상대로 반독점 소송까지 제기했지만 이미 너무 늦은 상황이었죠.

체그의 몰락은 단순히 기업 하나가 실패한 것으로 끝나는 것이 아니라, 검색 유입에 의존하던 모든 비즈니스가 직면한 새로운 현실을 보여 주는 신호탄이었습니다.

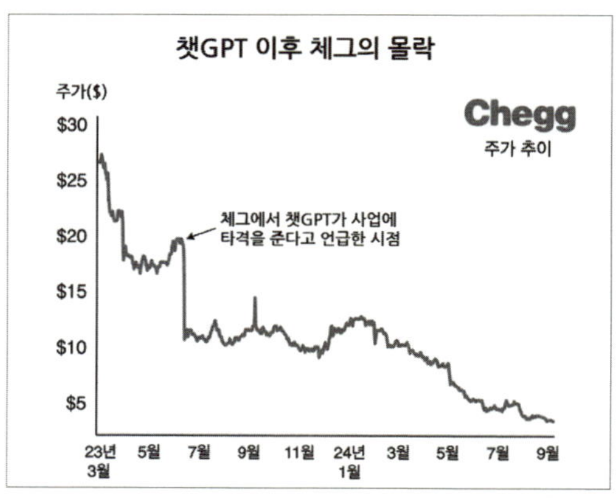

최고가 대비 약 80% 추락한 체그의 주가(레딧 자료●를
바탕으로 재구성)

제로 클릭이 만든 새로운 세상

'그건 미국 교육 시장 얘기잖아?'라고 생각한다면 오산입니다. 체그 사
태는 모든 산업의 예고편입니다. 온라인 쇼핑몰을 운영하든 전문 서비스
를 제공하든 상관없습니다. AI가 기억하지 못한다면 고객은 영원히 내 브
랜드를 찾을 수 없습니다.

잠시 고객이 되어 생각해 보세요. 지금 여러분은 경쟁사의 정보를 찾을
때 검색 창에 입력하고 링크를 클릭하나요, 아니면 챗GPT에게 바로 물
어보나요? 이렇게 AI는 우리의 습관을 완전히 바꾸기 시작했습니다.

사용자가 검색 결과의 링크를 클릭하지 않고 AI의 답변만 보고 떠나는
현상을 제로 클릭zero click이라고 합니다. 이는 단순한 습관 변화가 아니라
정보 소비 방식의 대전환입니다.

● Reddit(r/dataisbeautiful), "Chegg's Downfall Since ChatGPT [OC]", 2024. https://www.
reddit.com/r/dataisbeautiful/comments/1fkoxdt/cheggs_downfall_since_chatgpt_oc/

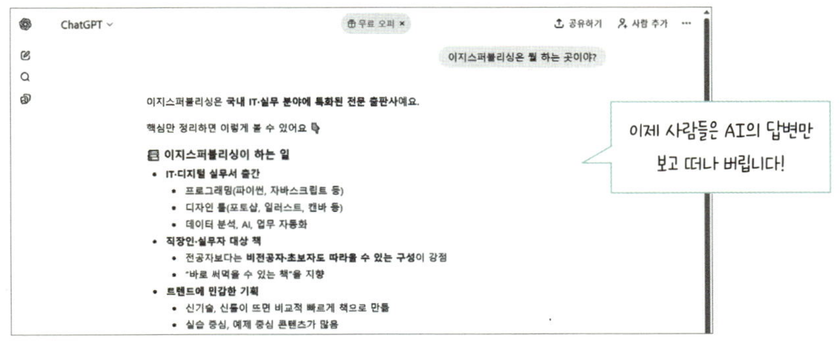

미국의 마케팅 분석 기업 스파크토로 SparkToro의 2024년 자료에 따르면, 이미 미국 내 구글 검색의 58%가 클릭으로 이어지지 않는다고 합니다. 10명 중 6명은 아예 링크를 누르지 않는 셈입니다.

특히 모바일 환경에서는 제로 클릭의 비중이 65%를 넘었고, 데스크톱에서도 50% 가까운 수치를 기록했습니다. 사용자는 검색 결과를 탐색하는 것보다 AI 요약 응답만 읽고 결정을 내리는 것입니다.

웹/앱 전문 분석 회사인 시밀러웹 SimilarWeb이 발표한 2025년 6월 보고서에 따르면, 가장 크게 타격받은 분야는 여행업계로 클릭의 비중이 20.2%나 감소했고 뉴스·미디어 분야도 17.1% 줄었습니다. 전자상거래는 9.2%, 금융은 7.4%, 라이프스타일·패션 분야도 4.6% 감소했습니다.

검색이 사라진 자리, 누가 타격을 입었나?

많은 전문가들이 생성형 AI가 확산되면서 구글이 가장 큰 피해자가 될 것이라고 예측했지만 실제 상황은 달랐습니다. 구글은 클라우드 서비스, 증강현실, 자율주행뿐 아니라 생성형 AI인 제미나이 Gemini 등으로 사업을 다각화하며 충격을 흡수했습니다.

가장 크게 타격받은 쪽은 **구글 검색 유입에 절대적으로 의존하던 기업들**이었습니다. 여행, 지식 공유 플랫폼이 바로 그 주인공입니다.

여행 산업 — 검색 엔진 유입 비중이 낮아졌어요

여행업계는 제로 클릭 현상의 충격을 가장 먼저 체감했습니다. 여행 관련 비교 서비스인 트립어드바이저 Tripadvisor는 **2024년 4분기 실적 발표에서 전년 동기 대비 매출 감소를 기록**했으며, 시밀러웹 등의 분석에 따르면 주요 여행 플랫폼의 **검색 엔진 유입 비중은 지속적으로 하락**했습니다. AI에 기반한 검색과 사용자 리뷰 강화 등 다양한 디지털 혁신을 시도했지만 전체 트래픽과 매출은 여전히 감소했습니다.

비슷한 서비스인 익스피디아 Expedia도 마찬가지입니다. 2025년 8월 기준으로 AI 챗봇에 기반한 유입 트래픽은 전년 대비 두 자릿수 성장률을 기록했습니다. 언뜻 보면 'AI 시대에 잘 적응하고 있다'고 착각하기 쉽습니다. 그러나 AI 유입이 급증했다고 해도 전체 검색 트래픽에서 차지하는 비중은 1% 미만에 불과합니다. 전통 검색 엔진의 의존도가 높았던 만큼 시장 점유율 회복에는 충분치 않은 상황입니다.

이처럼 여행 관련 서비스는 광고비 상승, 전환율 하락, 구조조정이라는 삼중고에 시달리고 있습니다. 항공권과 호텔 검색에 AI 요약·추천 서비스가 본격 도입되면서 **여행 플랫폼의 검색 관문 역할은 점점 더 희미해지고 있습니다.**

지식 공유 플랫폼 ― 사람들은 답변을 기다리지 않아요

챗GPT의 등장은 위키피디아, 네이버 지식인, 스택 오버플로 같은 집단 지성에 기반한 플랫폼의 입지를 급속히 좁혔습니다. IT 개발자 커뮤니티인 스택 오버플로 Stack Overflow의 월 게시글 수는 2022년 6만 5천 건에서 2023년 1만 6천 건으로 4분의 1 수준으로 줄었습니다. 기다림 없는 답변이라는 단 하나의 변화가 집단 지성의 시대를 무너뜨린 것입니다.

▶ 스택 오버플로는 프로그래머와 개발자가 코딩 관련 질문과 답변을 공유하는 세계 최대 규모의 기술 Q&A 커뮤니티입니다.

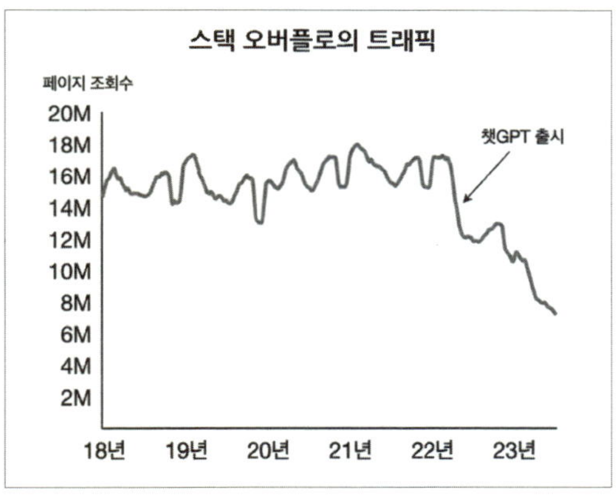

챗GPT의 등장으로 트래픽이 급격히 감소한 스택 오버플로
(레딧 자료●를 바탕으로 재구성)

전 세계 사용자가 참여하는 온라인 백과사전인 위키피디아 Wikipedia의 트래픽은 3년간 10억 건 이상 감소했고, 1일 방문자 수가 1억 6500만 명에서 1억 2800만 명으로 줄었습니다.

● Reddit(r/ChatGPT), "Not surprising but interesting to see it", 2024. https://www.reddit.com/r/ChatGPT/comments/1gklrkf/not_surprising_but_interesting_to_see_it/

일반 기업 — 검색 유입 착시의 함정

검색 유입의 70% 이상을 구글이나 네이버에 의존하는 일반 중소기업과 소상공인 역시 잠재적 피해자입니다. 검색 순위는 그대로인데 신규 문의가 급감했다면 단순한 시장 침체가 아니라 AI가 인용하지 않기 시작했다는 명확한 신호입니다.

AI는 기다림 없이 즉시 답을 주고, 질문하는 의도까지 파악해서 답변을 구성합니다. 이 편리함은 사람이 쓰는 답변의 경쟁력을 빠르게 약화시키고 있습니다. 중요한 질문은 이것입니다. '당신의 업계는 과연 안전한가요?'

이제 AI의 답변에 우리 서비스가 가장 먼저 등장해야 한다!

여러분의 비즈니스는 검색 유입에 얼마나 의존하고 있나요? 고객이 웹사이트를 직접 찾기보다 구글을 거쳐 들어온다면 지금 당장 전략을 점검해야 합니다. 디지털 마케팅의 성과 지표가 노출 횟수에서 AI 인용 빈도로 옮겨 가고 있기 때문입니다. 과거 클릭 시대에는 '누가 더 검색 상위에 노출되는가?'에 초점을 맞추었다면, AI 검색 시대에는 'AI의 답변에서 첫 화자로 노출되는가?'가 가장 중요합니다.

클릭 시대와 AI 검색 시대의 전략 비교표

구분	클릭 시대의 전략	AI 검색 시대의 전략
성과 목표	클릭률(CTR), 방문자 수	첫 답변 언급률(FAMR), 출처 카드 수(CCC), AI 답변 내 순위(ARR)
최적화 단위	페이지 전체	문장과 문단
의사결정 주체	사용자가 직접 선택하여 클릭	AI 모델의 선택 알고리즘

클릭 시대에 대응하는 검색 엔진 최적화 방식인 SEO ^{Search Engine Optimization} 가 '내 콘텐츠를 보이게 하는 전략'이라면, AI 검색 시대에 대응하는 최적화 방식인 AIEO^{AI Information Engine Optimization}는 '내 콘텐츠가 AI에게 선택받게 하는 전략'입니다. 그러나 이 두 방식은 대체하는 관계가 아니라 **병행해야 하는 AI 시대의 핵심 전략**입니다.

하면 된다! } 챗GPT에서 내 콘텐츠 인용 여부 확인하기

챗GPT는 현재 전 세계에서 가장 많이 사용하는 생성형 AI이자 인용 출처를 비교적 투명하게 보여 주는 서비스입니다. 지금부터 챗GPT가 어떤 기준으로 신뢰할 만한 콘텐츠를 선택하는지 이해하고, 그에 따라 글쓰기하는 방법을 알아보겠습니다. 이 실습 결과에 따라 여러분도 앞으로 AI 시대의 핵심 전략에 맞게 달라져야 합니다.

01. 챗GPT에 접속하여 나를 찾는 질문하기

❶ 웹 브라우저를 열고 챗GPT(chatgpt.com)에 접속하세요. 챗GPT의 기본 기능은 로그인하지 않아도 사용할 수 있으니 곧바로 시작할 수 있습니다. ❷ 다음에 제시한 업종과 직무 유형에 따른 질문 예시를 참고하여 프롬프트를 작성해 보세요.

> [예시]
> - B2B 기업 종사자라면: '국내 [업종]에서 신뢰할 만한 업체를 추천해 주세요.'
> - B2C 브랜드 관리자라면: '[제품 카테고리]를 구매하려고 하는데, 어떤 브랜드가 좋을까요?'

예를 들어 **이중대의 'AI Ready' 콘텐츠를 조사해 주세요** 같은 질문형 문장을 입력하고 ❸ 입력 버튼 ⬆ 을 클릭하거나 Enter 를 눌러 검색을 시작합니다. AI의 답변에 여러분의 이름이나 브랜드가 과연 등장했나요?

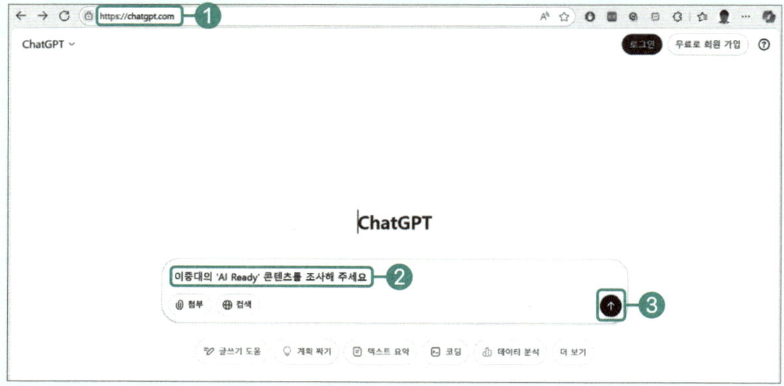

챗GPT에서 궁금한 내용을 검색하는 화면

02. 결과에서 나를 찾기

챗GPT가 답변을 완성해 주면 가장 먼저 전체 내용을 훑어보세요. 첫 번째 문단에 나왔다면 훌륭한 결과입니다.

하지만 **여러분이 작성한 프롬프트에서 어떤 표현을 인용할 만하다고 AI가 판단했는지 직접 확인**하는 것이 더 중요합니다. AI가 답변한 내용 중에서 특정 정보 옆에 작은 숫자나 링크가 각주로 붙어 있을 텐데, 이 각주에 마우스 커서를 올려 보면 AI가 어디서 인용했는지 색깔로 명확하게 표시해 줍니다.

이는 AI가 단순히 정보를 요약한 것이 아니라 **원본 콘텐츠의 특정 구문이나 데이터를 직접 활용**했음을 의미합니다.

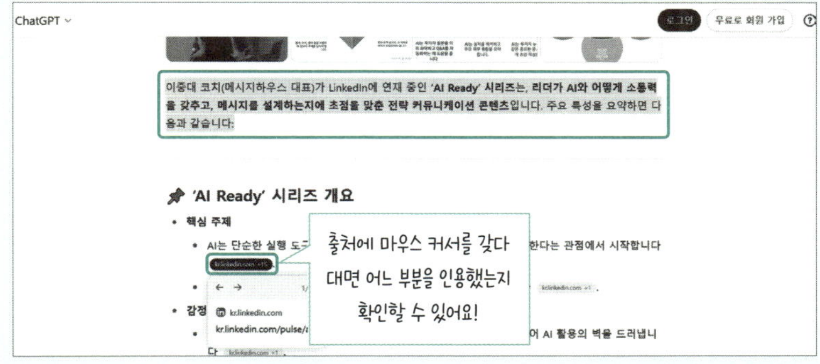

03. [출처] 버튼으로 내 위치 파악

화면 맨 아래에 있는 ❶ [출처]를 클릭해 보세요. 화면 오른쪽에 ❷ [인용] 창이 나타나면서 AI 답변에서 활용한 모든 원천 소스 목록을 보여 줍니다. 이 목록은 여러분의 콘텐츠가 AI 검색 결과에 실제로 포함되었는지를 확인할 수 있는 중요한 지표입니다.

▶ 출처에 관한 내용은 03장에서 자세히 다룹니다.

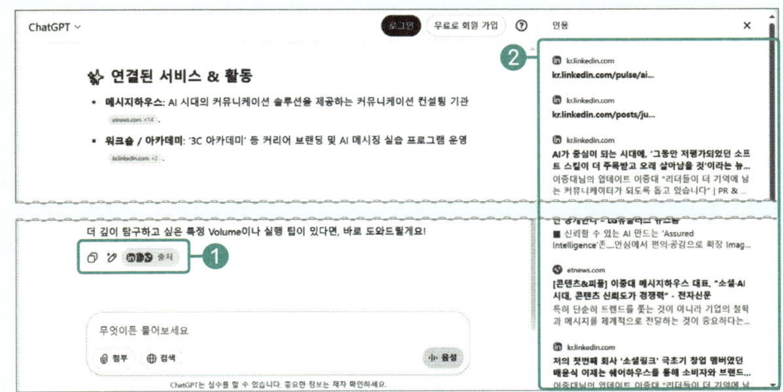

04. 결과 해석

AI가 답변한 결과를 확인했다면 다음 단계는 해석입니다. 해석은 3가지 경우로 나눌 수 있으며, 인용 여부와 정도에 따라 앞으로 전략이 달라집니다.

[해석 1]

AI가 내 콘텐츠를 인용했다면? ― 무엇이 효과적이었는지 분석하자!

축하합니다! AI가 여러분의 콘텐츠를 선택했습니다. 이제 AI가 인용한 문장을 자세히 분석하세요. 대부분 AI가 답변해 준 첫 문장에 결론이 있고, 곧바로 수치나 출처가 따라붙습니다. 이 패턴을 다른 콘텐츠에도 적용하세요. 성공 공식을 찾은 것입니다.

[해석 2]

AI가 내 콘텐츠를 인용하지 않았다면? ― 기회는 지금부터!

걱정하지 마세요. 오히려 내 콘텐츠를 개선할 기회를 얻은 것입니다. AI가 인용한 다른 브랜드나 전문가 사례를 살펴보세요. 그들은 어떤 플랫폼을 썼나요? 어떤 방식으로 정보를 제시했나요? 자주 보이는 출처 채널(예 링크드인, 브런치, 티스토리 등)을 파악하고 그쪽 활동을 강화하세요.

▶ AIEO 전략과 콘텐츠 개선 과정은 이 책 전체에서 다루는 주제입니다. 이 책을 처음부터 끝까지 순서대로 완독할 것을 추천합니다.

[해석 3]

AI가 내 콘텐츠의 일부만 인용했다면? ― AIEO로 콘텐츠의 질을 높이자!

AI가 여러분의 이름이나 콘텐츠는 언급했지만 순위가 뒤쪽으로 밀렸거나 출처엔 포함됐지만 본문에 직접 인용하지 않았다면, 이는 AI가 '인지한 단계'라는 신호입니다. 이제는 콘텐츠의 양보다 질에 집중해야 합니다. '결론-수치-출처'의 구조를 강화하고 더 권위 있는 자료를 인용하며 최신성을 확보하세요.

▶ AIEO에 맞게 콘텐츠의 질을 높이는 방법은 03장에서 자세히 다룹니다.

AI 검색 시대는 검색 전략의 본질을 링크 클릭에서 요약 인용으로 완전히 바꿔 놓았습니다. 이제 콘텐츠는 단순히 검색 결과 상단에 보이는 것을 넘어, AI가 답변에 직접 활용할 수 있는 구조를 갖춰야만 진정한 가시성을 확보할 수 있습니다. 체그처럼 변화를 외면하다가 98% 가치 하락을 겪고 싶지 않다면, 지금 바로 AIEO 전략으로 콘텐츠를 재점검해야 합니다.

> **👍 알아 두면 좋아요** 체그는 왜 챗GPT가 아니라 구글을 상대로 소송했을까?
>
> 체그 입장에서 챗GPT는 '직접적 경쟁자'일 뿐 단순히 더 나은 서비스를 제공한다는 이유로 소송하기 어렵기 때문이었습니다. 반면에 구글은 체그 콘텐츠를 자신의 검색 결과 요약에 활용하면서도 웹 사이트의 유입을 막아 버렸습니다. 체그는 '내 콘텐츠를 가져다 쓰면서 트래픽은 막아 버렸다'며 플랫폼을 남용했다고 보고 소송을 걸었던 것입니다. 결국 챗GPT는 경쟁자로서 체그를 압박했고, 구글은 게이트 키퍼로서 법적 책임을 추궁당한 셈입니다.

 # AI가 가져가기 쉽게 만드는 콘텐츠 전략, AIEO

AIEO란 무엇인가?

앞 절에서는 AI가 답변을 생성하는 과정에서 누군가의 콘텐츠를 인용한다는 사실을 확인했습니다. 이제 질문은 자연스럽게 바뀝니다. '어떻게 하면 AI가 내 콘텐츠를 콕 집어 인용하게 만들 수 있을까?' 입니다. 그 해답이 바로 AIEO입니다.

AIEO는 단순히 검색 상위에 노출되는 기술^{SEO} 수준이 아니라 AI가 정보를 읽고^{scan}, 분류하고^{index}, 조립하는^{compose} 엔진의 작동 원리에 맞춰 우리 브랜드의 정보를 최적화하는 전략입니다.

AIEO를 가장 쉽게 이해하려면, AI를 마감에 쫓기는 유능한 기자라고 상상해 보세요. 사용자가 AI에게 "요즘 뜨는 마케팅 트렌드 알려 줘."라고 질문하면, 이 AI 기자는 웹 사이트, 뉴스, 커뮤니티 등 다양한 취재처를 순식간에 탐색합니다.

이때 AI 기자가 선호하는 자료는 무엇일까요? 장황하고 두서없는 인터뷰 녹취록일까요, 아니면 핵심만 깔끔하게 요약한 보도자료일까요? 당연히 후자입니다. AI는 불필요한 문맥을 해석하고 흩어진 정보를 짜맞추는 데 드는 연산 비용을 아끼고 싶어 하기 때문입니다.

따라서 AIEO의 핵심은 AI가 복사/붙여넣기만 해도 될 정도로 가져가기 쉽게 콘텐츠를 생산하고 배치하는 전략입니다.

이것이 기존의 SEO와 결정적으로 다른 점입니다. SEO가 검색 창에 우리를 보이게 만들었다면, AIEO의 궁극적인 목표는 AI가 답변할 때 우리 문장을 그대로 가져다 쓰고 우리 브랜드를 출처로 명확하게 인용하게 만드는 것입니다.

그렇다면 이제 SEO 전략은 필요 없을까?

많은 마케터들이 불안해하며 묻습니다. "이제 SEO는 끝난 건가요? 기존에 하던 건 다 버려야 하나요?" 정답은 단호히 "아니요"입니다. SEO는 사라진 것이 아니라 오히려 AI 검색 시대의 단단한 기반이 되었습니다. SEO와 AIEO는 대체 관계가 아니라 확장과 통합의 관계입니다.

SEO와 AIEO의 관계

SEO 찾을 수 있게 하는 기술(findability)	AIEO 인용될 수 있게 하는 전략(citability)
• 페이지 로딩 속도, 모바일 최적화, 명확한 웹 사이트의 구조 등은 여전히 AI가 내 콘텐츠에 접근하게 만드는 필수 조건입니다.	• SEO 위에 '완결된 문장 설계'를 얹는 것입니다. • AI는 페이지 전체보다 문장 단위로 의미를 추출하므로, 문장 하나하나를 AI가 이해할 수 있는 '정보 덩어리'로 만들어야 합니다.

쉽게 말해 SEO가 튼튼한 뿌리라면 AIEO는 그 위에 자라난 새로운 가지와 열매입니다. AI 시대의 승자는 이 둘을 따로 보지 않고 함께 설계하는 사람에게 돌아갈 것입니다.

AI가 인용하는 글의 핵심 가치 — 신뢰와 효율

AI는 답변을 만들 때 웹상의 모든 문서를 처음부터 끝까지 정독하지 않습니다. RAG라는 기술을 활용해 질문과 관련된 수많은 정보 조각^{chunk}을 실시간으로 수집한 뒤, 그중에 가장 적합한 것만 골라 조합해서 답변으로 만듭니다.

▶ RAG(Retrieval-Augmented Generation)란 AI가 답변을 생성할 때 사전에 학습한 지식에 웹 등 외부에서 관련 정보를 실시간으로 검색하여 결합하는 기술을 말합니다.

▶ 청크(chunk)란 AI가 문서를 이해하고 처리할 때 일정한 길이로 잘라 내는 독립된 문단 단위입니다.

이 과정에서 AI 기자의 선택 기준은 딱 2가지입니다. 바로 신뢰와 효율입니다.

조건 1 신뢰할 수 있는가?

AI에게 신뢰^{trust} 또한 2가지 차원으로 접근할 수 있습니다.

① 어디에 있는 정보인가? - 채널의 신뢰도

AI는 출처를 가립니다. 정부 기관이나 공신력 있는 언론사, 혹은 해당 분야의 권위 있는 웹 사이트를 편애합니다. 02장에서는 AI가 자주 인용하는 신뢰할 만한 채널은 어디인지, 또한 채널별 특성에 맞춰 콘텐츠를 어떻게 배치해야 하는지 알아봅니다.

② 누가 썼는가? - 콘텐츠의 신뢰도

좋은 채널이라도 내용이 부실하면 탈락입니다. 작성자의 경험과 전문성^{EEAT}, 일관된 주제(토픽의 권위도), 명확한 브랜드 실체^{entity}가 드러나야 합니다. 03장에서는 콘텐츠 자체에 믿음의 증거를 심는 구체적인 방법을 다룹니다.

▶ 여기서 처음 등장한 개념인 EEAT와 entity는 03장에서 자세히 다룹니다.

조건 2 효율적으로 가져갈 수 있는가?

AI는 연산 비용과 토큰의 제한 때문에 효율성efficiency을 극도로 중시합니다. 그래서 AI는 잘 정리되어 있고 바로 가져다 쓸 수 있는 정보를 선호합니다. 이 또한 2가지 차원으로 접근할 수 있습니다.

① AI와 사람을 모두 설득할 수 있는가? — 이중 글쓰기

AI가 좋아하는 데이터와 구조, 그리고 사람이 공감하는 스토리와 감성을 문장 안에 녹여 내는 것이 이중 글쓰기의 핵심입니다. 이중 글쓰기는 04-1절에서 자세히 배웁니다.

② 얼마나 잘게 쪼갤 수 있는가? — 청크 설계

문장은 AI가 복사/붙여넣기하기 좋도록 독립해서 완결된 정보 조각(청크)으로 설계해야 합니다. 청크 단위로 문장을 설계하는 방법은 04-4절에서 배웁니다.

결국 AIEO 전략의 여정은 신뢰를 쌓고 효율을 높이는 2개의 큰 축을 따라가는 것과 같습니다. 이 책의 로드맵을 따라 04장까지 하나씩 정복하다 보면, 어느새 여러분의 콘텐츠는 AI에게 가장 매력적인 정보 조각으로 재탄생해 있을 것입니다.

AIEO의 또 다른 변수 — 플랫폼별 취향

지금까지 AIEO의 핵심 원칙을 확인했습니다. 이 원칙만 지키면 모든 문제를 해결할 수 있을 것처럼 보입니다. 하지만 여기에 한 가지 중요한 변수가 더 있습니다. 바로 우리가 상대해야 할 AI가 하나가 아니라는 사실입니다.

챗GPT, AI 오버뷰, 퍼플렉시티, AI 브리핑 등은 모두 신뢰와 효율을 중시하지만 취향은 조금씩 다릅니다. 어떤 AI는 구조화된 표를 선호하고, 어떤 AI는 출처가 명확한 한 문장에 가장 높은 점수를 주며, 또 다른 AI는 자연스러운 한국어 문맥을 더 잘 이해합니다.

따라서 AIEO 전략의 완성은 여러 서비스의 인용 스타일을 파악하고, 그에 맞는 맞춤형 콘텐츠를 준비하는 데 있습니다.

이어지는 01-3절에서는 4대 AI 검색 서비스의 결정적 차이를 분석한 후, 우리 브랜드에 맞는 공략 순서를 정해 보겠습니다.

주요 4대 AI 검색 서비스의 작동 방식과 인용 기준의 결정적 차이

같은 질문, 비슷해진 답변… 그런데 인용 방식은 다르다!

이전에는 AI 네 종류에 토씨 하나 바꾸지 않고 똑같은 질문을 던졌을 때 답변이 4가지로 갈려 당혹스러울 때가 많았습니다. 그래도 최근에는 겉으로 보이는 결론이 비슷하게 수렴하는 경우도 많습니다. 주요 AI 서비스들이 사용자 경험과 요약 형식을 빠르게 닮아가고 있기 때문입니다.

그래도 차이는 있습니다. 어떤 정보를 먼저 가져오고, 어떻게 요약하며, 출처를 어떤 방식으로 붙이느냐에서 더 뚜렷하게 드러납니다.

오픈AI의 챗GPT는 상대적으로 긴 호흡으로 답변을 구성하며, 맥락을 붙여 설명하는 경향이 있습니다. 그래서 같은 질문이라도 '왜 그런가?'까지 함께 정리한 설명형 답변이 나오기 쉽습니다.

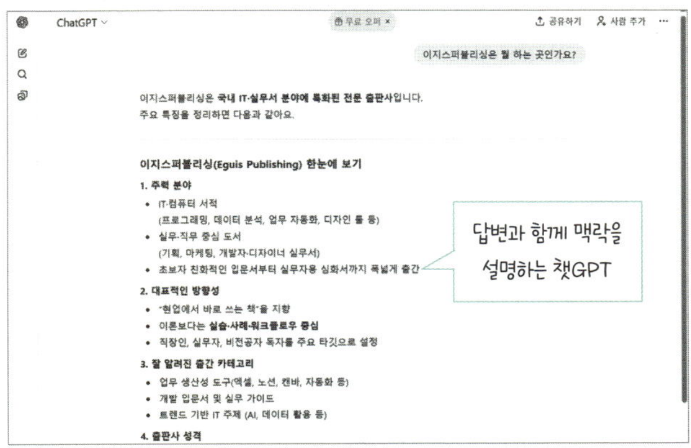

구글의 **AI 오버뷰와 제미나이**는 회색 박스 안에 요약 문단을 먼저 제시하고, 사용자가 더 확인할 수 있도록 링크(출처 흐름)를 붙이는 방식이 기본값에 가깝습니다. 화면 안에서 **요약 + 근거로 이동** 구조로 설계되어 있습니다.

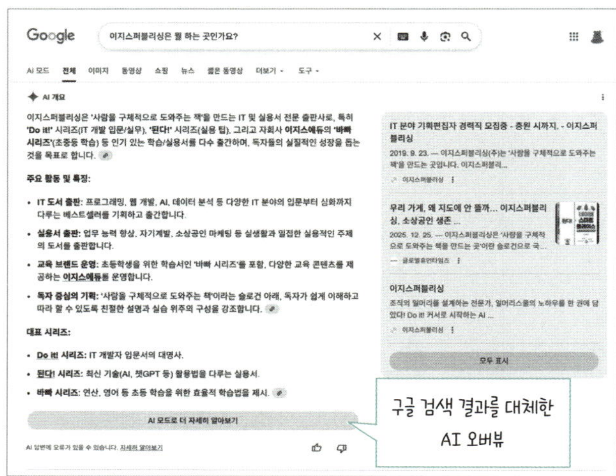

퍼플렉시티는 답변과 동시에 출처를 전면에 내세우는 편입니다. 한두 문장으로 핵심을 끝내고, 바로 아래에 근거를 연결해 **검증 가능한 답**을 강조합니다.

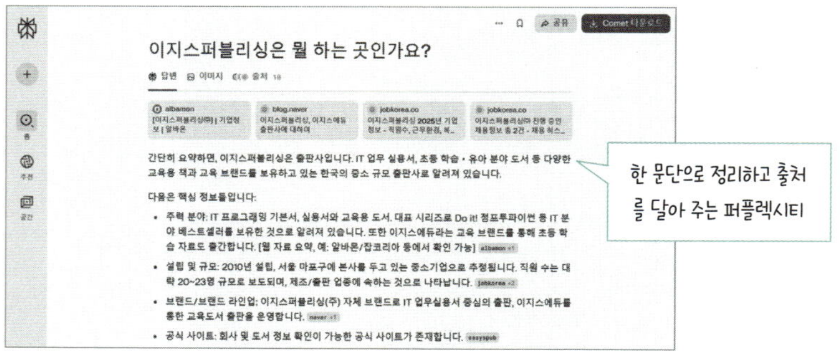

네이버의 AI 브리핑은 **국내 콘텐츠 생태계의 영향**을 더 강하게 받습니다. 특히 사용자에게 익숙한 채널에서 발견되는 표현과 사례를 상대적으로 길게 활용하는 경우가 있으며, 이때 문장 단위 인용이 두드러져 보이기도 합니다.

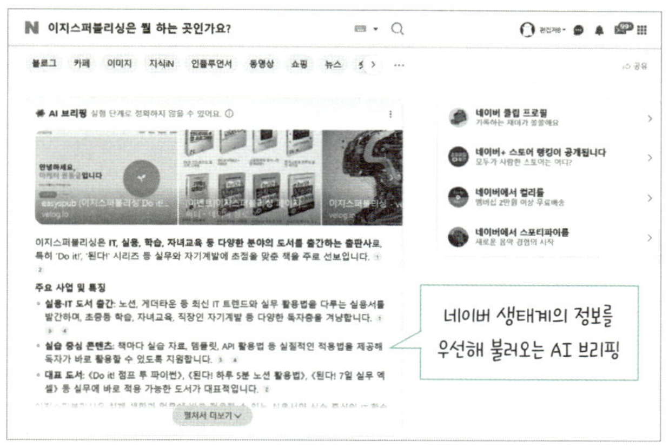

똑같은 질문인데 마치 4개의 서로 다른 세계에 와 있는 것 같죠. 이는 단순히 화면 디자인의 문제가 아닙니다. AI 서비스마다 정보를 처리하는 기본값(요약 vs 설명, 링크 중심 vs 인용 중심, 출처의 배치 방식)이 다르고, 그 차이가 결국 **우리 콘텐츠가 어떤 형태로 선택되는가**를 바꿉니다. 이 흐름을 바탕으로, 각 서비스의 작동 방식과 인용 기준을 하나씩 살펴보겠습니다.

1. 챗GPT ─ 논리를 중시하는 '데이터 분석가'

전 세계 사용자가 가장 많은 챗GPT ^{ChatGPT}는 냉철한 데이터 분석가다운 성향을 보입니다. 이 분석가는 감정에 호소하는 문장이나 근거 없는 주장을 신뢰하지 않습니다.

그 대신 대화형 인터페이스를 통해 질문의 맥락을 파악하고 이미 학습된 방대한 지식 위에 실시간 웹 검색 결과를 덧붙여 답변을 완성합니다. 즉, 챗GPT의 기억 속에 있는 기본 정보로 뼈대를 세우고, 검색을 통해 최신 정보라는 살을 입히는 방식으로 작동합니다.

챗GPT에 질문하고 답변받은 결과

챗GPT는 정보의 신뢰성과 최신성을 중요하게 여깁니다.

챗GPT가 싫어하는 문장	챗GPT가 좋아하는 문장
우리 회사는 최고입니다.	2024년 한국경제연구원의 보고서에 따르면…
주관적이고 감정적인 문장	구체적인 출처 정보를 포함한 문장

따라서 챗GPT에게 선택받으려면 마케팅에서 사용하는 화려한 수식어는 빼고, 객관적이고 중립적인 보고서처럼 작성해야 유리합니다. 문장에서 형용사를 지우고 숫자와 출처를 추가하세요.

예를 들어 매우 잘 팔린다가 아니라 A사는 2025년 시장점유율 30%를 기록했다(업계 리포트 인용)라고 써야 합니다. 그래야 챗GPT가 문장 내용을 사실로 인식하고 인용합니다.

다음 사례 3개로 챗GPT가 인용하는 콘텐츠는 어떤 특징이 있는지 자세히 알아보겠습니다.

사례 1 주관적인 자체 평가 → 객관적인 사실로 대체(신뢰성 강화)

많은 기업에서 자사 소개글을 쓸 때 흔히 범하는 실수는 '최고', '혁신적' 같은 단어로 자화자찬하는 것입니다. 챗GPT는 이를 검증 불가능한 주장으로 분류합니다.

AI가 외면하는 주관적인 문장	AI가 인용하는 객관적인 문장
저희 '스마트 오피스' 솔루션은 업계 최고의 기술력으로 많은 기업의 업무 방식을 혁신적으로 바꾸었습니다. 고객 만족도 역시 매우 높은 수준입니다.	저희 '스마트 오피스' 솔루션은 2024년 대한민국 IT 혁신 대상을 수상했으며, 이 솔루션을 도입한 기업의 업무 처리 시간을 평균 35% 단축시켰습니다(한국생산성본부 조사). 현재 현대자동차, SK텔레콤 등 500개가 넘는 기업에서 이 솔루션을 사용하고 있습니다.

이 사례에서는 '최고', '혁신적', '매우 높은'의 주관적인 평가를 수상 이력, 구체적인 수치, 제3자 조사 결과, 주요 고객사라는 객관적인 사실로 대체하여 신뢰성을 강화했습니다.

사례 2) 모호한 설명 → 측정할 수 있는 데이터로 전환
　　　　(객관성·구체성 강화)

'좋다', '뛰어나다'라는 말은 사람에게는 통할지 몰라도 AI에게는 아무런
정보도 안 됩니다. AI는 측정할 수 있는 데이터만 믿습니다.

AI가 외면하는 모호한 문장	AI가 인용하는 구체적인 문장
새롭게 출시된 '에코 클리너'는 친환경 성분으로 만들어서 안심하고 사용할 수 있으며, 뛰어난 세정력을 자랑합니다. 최근 소비자들에게 좋은 반응을 얻고 있습니다.	신제품 '에코 클리너'는 식물 유래 계면활성제 99%로 구성되었으며, 독일 더마테스트 피부 자극 테스트에서 '엑설런트' 등급을 받았습니다. 공식 출시한 후 첫 한 달간 5만 개를 판매했습니다(2024년 5월 내부 집계).

이 사례에서는 '친환경 성분', '뛰어난 세정력', '좋은 반응'이라는 모호
한 설명을 성분 함량, 공인 인증 등급, 구체적인 판매량이라는 측정할 수
있는 데이터로 전환하여 객관성과 구체성을 강화했습니다.

사례 3) 과거의 사실 → 업데이트된 정보로 현재 가치 높이기(최신성 강화)

'과거에 잘 나갔다'라는 정보는 AI에게 매력적이지 않습니다. AI는 항상
'지금은 어떤가?'를 궁금해합니다. 정보의 시점을 명확히 하세요.

AI가 외면하는 과거의 문장	AI가 인용하는 최신성을 가진 문장
저희 '알파 투자' 앱은 출시 이후 꾸준히 사랑받으며 성장해 왔습니다. 과거 여러 매체에서 유망한 투자 앱으로 소개된 바 있습니다.	2024년 2분기 기준, '알파 투자' 앱의 누적 다운로드 수는 300만 건을 돌파했으며, 월간 활성 이용자(MAU)는 80만 명을 기록했습니다. 이는 지난 분기 대비 15% 성장한 수치입니다(앱애니 데이터).

이 사례에서는 '출시 이후', '과거'와 같이 시간적 맥락이 불분명한 정보를 '2024년 2분기 기준', '지난 분기 대비' 등 명확한 시점을 포함한 최신 정보로 업데이트하여 정보의 현재 가치를 높였습니다.

2. AI 오버뷰 & 제미나이 ─ 신뢰도를 중시하는 '구조 설계자'

구글에서 AI를 만나는 통로는 크게 2가지입니다. 구글의 검색 결과 최상단에서 요약된 답을 보여 주는 AI 오버뷰AI Overview와 챗GPT처럼 대화를 주고받는 제미나이Gemini입니다. 이 둘은 사용자가 정보를 소비하는 방식에서 결정적인 차이를 보입니다.

AI 오버뷰는 빠른 정답을 원하는 사용자를 위한 요약 리포트입니다. 검색어를 입력하면 회색 박스 안에 핵심 정보가 요약되어 나타나며, 사용자는 웹 사이트를 방문하지 않고도 '제로 클릭' 상태에서 정보를 얻습니다.

반면 제미나이는 복잡한 문제 해결을 위한 대화형 파트너입니다. 정보를 보여 주는 것을 넘어 "보고서 초안을 써 줘", "여행 일정을 표로 정리해 줘"와 같이 새로운 결과물을 만들어 내는 데 특화되어 있습니다.

실제 사용자들은 이 2가지를 연결해서 사용합니다. AI 오버뷰에서 지식을 습득한 뒤, 더 깊은 맥락 이해나 실행이 필요할 때 제미나이로 넘어가는 흐름을 보입니다. 두 서비스의 형식은 다르지만, 구글이 정보를 선택해 우선 보여 주는 기준은 동일합니다.

구글 AI는 무엇보다 신뢰를 우선으로 합니다. 웹상의 수많은 정보 가운데, 경험Experience, 전문성Expertise, 권위Authoritativeness, 신뢰Trustworthiness를 갖춘 문장만 골라 하나의 요약문으로 조립합니다. 이 EEAT 원칙을 통과하지 못한 정보는 검색 결과에 노출되지도, 제미나이 답변에 인용되지도 않습니다.

하지만 신뢰만큼이나 중요한 것이 하나 더 있습니다. 구글 AI는 **엄격한 구조 설계자**의 성향을 보입니다. 이 설계자는 정리되지 않은 긴 줄글을 싫어합니다. 마치 책상 위에 서류가 뒤죽박죽되어 있는 것을 못 견뎌 하는 것과 같습니다.

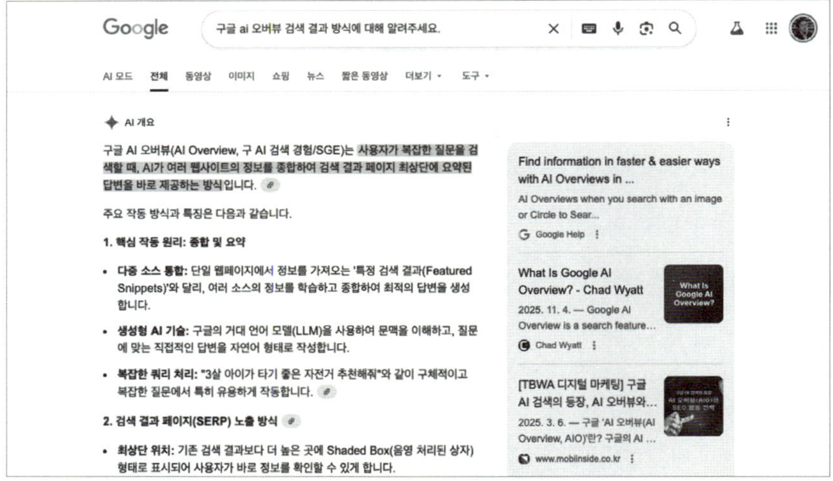

AI 오버뷰에 질문하고 답변받은 결과

구글 AI가 가장 선호하는 것은 **구조화된 정보**입니다.

구글 AI가 싫어하는 정보	구글 AI가 좋아하는 정보
저희 '데일리 비타민'은 비타민 C 500mg, 비타민 D 1,000IU, 그리고 아연 8.5mg을 함유하고 있어 하루 한 알로 필수 영양소를 챙길 수 있습니다.	'데일리 비타민' 핵심 성분 • 비타민 C: 500mg • 비타민 D: 1,000IU • 아연: 8.5mg
정보가 어디 있는지 찾기 힘든 긴 서술형 문단(줄글)	순서를 매긴 목록(list), 또는 명확히 구분되는 표(table)를 포함한 정보

또한 세계보건기구^{WHO} 통계처럼 공신력 있는 출처와 명확한 날짜가 있다면 구글 AI에 인용될 확률은 비약적으로 상승합니다. 반대로 정보가 뭉쳐 있는 비구조화된 문단은 구글 AI가 정보를 추출하기 어렵기 때문에 그냥 건너뛰어 버립니다.

구글 AI에게 선택받는 방법은 간단합니다. 핵심 문단을 **항목·내용·출처가 명확한 목록(리스트)이나 표 형태**로 바꾸는 것입니다. 그래야 AI가 정보를 하나씩 집어서 답변에 넣을 수 있습니다.

다음 사례 2개로 구글 AI가 외면하는 줄글이 어떻게 인용되는 구조로 바뀌는지 확인해 보겠습니다.

사례 1 | 줄글 → 목록 형식으로 바꾸기

이 사례에서는 B2B 소프트웨어의 3대 핵심 기능을 '기능–설명–효과'라는 계층 목록으로 구조화했습니다. 이렇게 하면 구글 AI가 'CRM 툴 비교'와 같은 질문에 답을 할 때, 기능별 효과를 정확히 추출하여 요약문에 포함시킬 확률이 올라갑니다.

AI가 요약하기 어려운 긴 줄글
저희 '커넥트 CRM'은 고객 관리를 위한 통합 솔루션입니다. 영업 파이프라인 관리를 통해 잠재 고객부터 계약까지의 전 과정을 추적할 수 있고, 이메일 자동화 기능으로 반복적인 마케팅 업무를 줄여 줍니다. 또한 상세한 분석 대시보드를 제공하여 영업 성과를 실시간으로 파악하고 데이터에 기반해서 의사결정을 내릴 수 있도록 돕습니다.

AI가 기능별로 비교/요약하기 좋은 목록 형식

'커넥트 CRM' 솔루션의 3대 핵심 기능

① 영업 파이프라인 관리
설명: 잠재 고객 발굴부터 계약 체결까지 영업 단계를 시각적으로 관리합니다.
효과: 영업 기회 누수율을 평균 25% 감소시킵니다.

② 마케팅 이메일 자동화
설명: 고객 행동에 따라 맞춤형 이메일을 자동으로 발송합니다.
효과: 마케팅팀의 반복 업무 시간을 주당 5시간 절약합니다.

③ 성과 분석 대시보드
설명: 매출, 전환율 등 핵심 지표를 실시간으로 시각화합니다.
효과: 데이터에 기반한 의사결정의 정확도를 30% 향상시킵니다.

사례 2 줄글 → 표 형식으로 바꾸기

여행 상품처럼 가격, 일정, 포함 내역이 중요한 정보는 서술형으로 쓰면 최악입니다. AI가 정보를 파싱^{parsing}하기 가장 좋은 표 형식으로 제공해야 합니다.

AI가 정보를 정확히 추출하기 어려운 서술형 문단

이번 여름휴가에는 '코타키나발루 힐링 패키지'를 추천합니다. 5성급 리조트에서 편안한 휴식을 즐길 수 있으며, 항공권과 숙박이 모두 포함되어 있습니다. 가격은 합리적인 수준이며, 현지 투어 옵션도 선택 가능합니다. 가족 단위 여행객에게 특히 인기가 많습니다.

AI가 정보를 항목별로 정확히 파싱할 수 있는 표 형식

'코타키나발루 힐링 패키지' 상세 정보

항목	내용	비고
여행 기간	3박 5일	날짜 지정 가능
포함 내역	왕복 항공권, 5성급 리조트(2인 1실), 조식	유류 할증료 포함
1인 가격	899,000원부터	성수기 요금 변동

추천 대상	가족, 커플 여행객	
예약 문의	02-1234-5678	

(출처: 하나투어, 2024. 05.)

이 사례에서는 여러 문장에 흩어져 있던 정보를 '항목–내용–비고' 형식의 표로 한눈에 알아볼 수 있도록 정리했습니다. 이렇게 하면 AI가 정보를 항목별로 정확히 가져갈 수 있어서 사용자가 코타키나발루 여행 상품 가격이나 포함 내역을 질문하면, 구글 AI는 이 표의 데이터를 직접 참조하여 정확하고 신뢰도 높은 요약문을 생성할 수 있습니다.

3. 퍼플렉시티 — 교차 검증을 잘하는 '팩트 체크 감사관'

퍼플렉시티 Perplexity는 의심 많은 팩트 체크 감사관입니다. 이 감사관은 출처를 한 곳 제시했을 때 믿지 않고 여러 웹 사이트를 교차 검증하며, '이 정보가 다른 곳에서도 똑같이 확인되는가?'를 따집니다. 또한 중립적이고 객관적인 문체를 가장 신뢰할 만한 신호로 인식합니다.

퍼플렉시티의 가장 큰 특징은 문장 옆에 반드시 출처 링크([1], [2])를 달아 준다는 점입니다. 페이지 전체의 디자인이나 분량은 중요하지 않습니다. 오직 완결된 문장 하나가 있느냐 없느냐가 인용을 결정합니다.

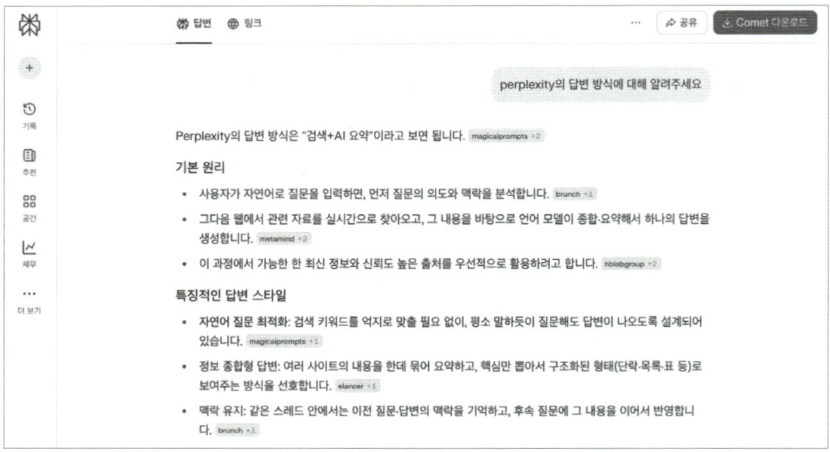

퍼플렉시티에 질문하고 답변받은 결과

퍼플렉시티가 선호하는 정보는 **결론 + 수치 + 출처**가 한 문장에 다 들어 있는 완벽한 진술문입니다.

퍼플렉시티가 싫어하는 문장	퍼플렉시티가 좋아하는 문장
우리는 고객 만족도를 높이기 위해 많은 노력을 하고 있습니다.	우리 서비스는 평균 처리 시간을 38% 단축했습니다(2024년 자체 조사).

결론, 수치, 출처가 불명확한 문장

한 문장 안에 결론, 수치, 출처가 들어 있는 완벽한 구조

퍼플렉시티에게 선택받는 비결은 **핵심 메시지를 한 문장으로 압축**하는 것입니다. 문단의 첫 줄에 완결형 단문을 배치하세요. 이것이 바로 퍼플렉시티가 가장 좋아하는 황금 문장 공식입니다.

다음 3가지 사례로 퍼플렉시티가 외면하는 모호한 문장이 어떻게 즉시 인용하는 문장으로 바뀌는지 확인해 보겠습니다.

사례1 감성적인 표현 → 점수나 수치로 증명

'최선을 다했다'는 말은 퍼플렉시티에게 통하지 않습니다. 점수나 수치로 증명해야 합니다.

정보가 분산되어 있어서 AI가 인용하기 어려운 문단	AI가 그대로 인용할 수 있는 황금 문장
저희 '퀵잇츠' 앱은 고객 만족을 위해 항상 최선을 다하고 있습니다. 그 결과, 최근 고객 평점이 크게 향상되었습니다. 이는 저희 내부 데이터를 통해서도 확인된 사실입니다.	'퀵잇츠' 앱의 고객 만족도 점수는 4.8점 (5점 만점)으로 업계 1위를 기록했습니다 (2024년 2분기 한국리서치 조사).

이 사례에서는 '최선', '크게 향상'이라는 모호한 주장 대신 5점 만점에 '4.8점', '업계 1위'라는 구체적인 수치와 함께 '한국리서치'라는 제3자 출처까지 단 하나의 완결된 문장에 모두 담았습니다.

사례2 근거 없는 주장 → 증명할 수 있는 정보

'전문가가 인정했다'는 말은 증거가 될 수 없습니다. 어떤 기관이 어떤 수치로 인정했는지 밝혀야 합니다.

AI가 신뢰하기 어려운 근거 없는 주장	AI가 즉시 검증할 수 있는 황금 문장
저희 '사이버가드' 솔루션은 다양한 온라인 위협으로부터 강력한 보호 기능을 제공합니다. 수많은 보안 전문가들이 인정한 저희 기술은 고객의 자산을 안전하게 지켜줍니다.	'사이버가드' 솔루션은 랜섬웨어 공격을 99.8% 차단하는 성능을 입증받았습니다(독일 AV-TEST, 2024년 5월).

이 사례에서는 '강력한', '수많은 보안 전문가들이 인정한'이라는 검증할 수 없는 수식어 대신 '랜섬웨어 99.8% 차단'이라는 측정할 수 있는 성능과 'AV-TEST'라는 명확한 국제 공인 기관을 출처로 제시하여 완결된 한 문장으로 만들었습니다.

 모호한 감탄사 → 사실에 기반한 정보

'놀라운 성장'은 아무 정보가 없는 감탄사일 뿐입니다. 성장률(%)과 기간을 명시해야 사실^{fact}이 됩니다.

AI가 핵심을 파악하기 어려운 일반적인 소개글	AI가 성과를 명확히 인지할 수 있는 황금 문장
저희 '그로스 파트너스'는 고객사들이 놀라운 성장을 이룰 수 있도록 돕습니다. 저희의 전략적인 컨설팅을 통해 많은 고객사들이 매출 증대 효과를 경험했습니다.	'그로스 파트너스'는 컨설팅을 통해 고객사의 평균 매출을 6개월 내 45% 성장시켰습니다 (2023년 하반기 프로젝트 20개사 분석).

'놀라운 성장', '매출 증대 효과'라는 추상적인 결과 대신 '6개월 내 평균 45% 성장'이라는 구체적인 성과와 '프로젝트 20개사 분석'이라는 데이터의 근거를 명시하여 한 문장으로 압축했습니다.

4. AI 브리핑 — 문맥을 읽는 '한국형 검색 해설사'

네이버의 AI 브리핑^{AI Briefing}은 우리말의 언어적 뉘앙스와 검색 문화를 가장 잘 이해하는 한국형 검색 해설사입니다. 네이버 AI는 경험^{experience}과 맥락^{context}을 봅니다. 특히 블로그, 카페, 지식iN 등 네이버 생태계에 축적된 사람 냄새 나는 경험 데이터를 가장 높이 평가하고 신뢰합니다.

따라서 기계적인 정보 나열보다 우리나라 사람이 읽었을 때 자연스럽게 고개를 끄덕일 수 있는 맥락이 살아 있는 글이 인용될 확률이 높습니다.

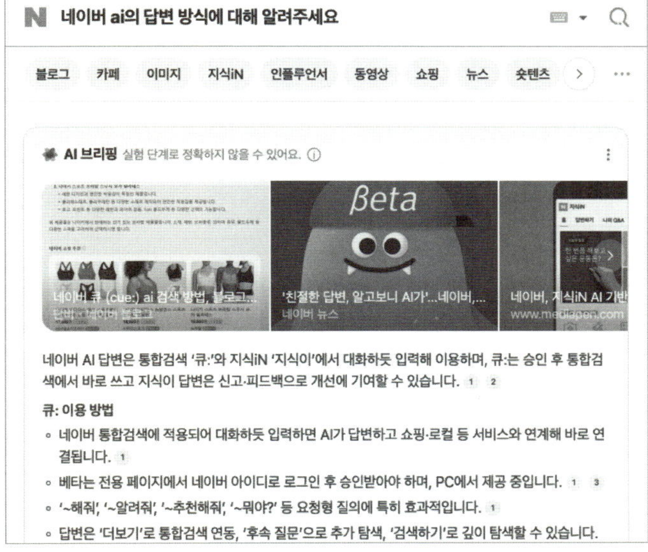

AI 브리핑에 질문하고 답변받은 결과

네이버 AI가 가장 선호하는 패턴은 **질문형 소제목 + 직답형 문장**의 조합입니다.

네이버가 싫어하는 문장	네이버가 좋아하는 문장
## 배송비 안내 저희 쇼핑몰은 고객님의 안전한 배송을 위해 우체국 택배를 이용하고 있습니다. 제주 및 도서 산간 지역은 별도로 추가 금액이 발생할 수 있으며, 배송 기간은 평균 2~3일 정도 소요됩니다. 배송비가 무료인 기준은 최종 결제 금액이 5만 원 이상일 때입니다.	## 무료 배송 기준은 얼마인가요? 무료 배송 기준은 최종 결제 금액 5만 원 이상입니다. 구매액이 5만 원 미만일 때에는 기본 배송비 3,000원이 부과됩니다.
결론이 뒤에 있는 미괄식 구조	소제목이 질문형이며, 질의응답이 바로 이어지는 두괄식 구조

네이버 AI는 사용자의 질문 의도를 파악한 뒤, 답변을 앞부분에 가장 명확하게 배치한 문단을 통째로 인용하여 보여 줍니다.

결론적으로 네이버 AI에게 선택받으려면 설명하려 하지 말고 바로 답해야 합니다. 단순한 정보를 나열하는 방식은 네이버에선 통하지 않습니다. 사용자가 검색 창에 입력할 법한 질문을 소제목으로 쓰고, 그 아래에 바로 결론을 제시하세요.

다음 사례 3개로 네이버 AI가 외면하는 나열식 정보가 어떻게 인용되는 구조로 바뀌는지 확인해 보겠습니다.

사례 1 ｜ 평범한 제목 → 구체적인 질문

'맛있게 끓이기'라는 제목은 너무 평범합니다. 네이버 AI는 구체적인 방법을 찾고 싶어 합니다.

AI가 핵심을 찾기 어려운 나열식 정보	AI가 인용하기 좋은 Q&A 구조
## 김치찌개 맛있게 끓이기 김치찌개는 한국인이 사랑하는 대표적인 음식입니다. 먼저 돼지고기를 준비하고 김치와 함께 볶아 줍니다. 이때 설탕을 조금 넣으면 신맛을 잡을 수 있습니다. 육수나 쌀뜨물을 붓고 두부와 파를 넣어 한소끔 끓여 내면 완성됩니다.	## 김치찌개를 식당처럼 맛있게 끓이는 비법은 무엇인가요? 김치찌개를 맛있게 끓이는 가장 중요한 비법은 돼지고기를 김치와 함께 충분히 볶아 깊은 맛을 우려내는 것입니다. 이때 설탕을 반 스푼 정도 넣으면 김치의 묵은 신맛을 잡아 감칠맛을 더할 수 있습니다. 육수 대신 쌀뜨물을 사용하면 국물이 더 구수하고 진해집니다.

이 사례에서는 정보를 나열해서 제목에 해당하는 핵심 비법을 AI가 찾기 어렵습니다. 그래서 제목을 실제로 사용자가 검색할 법한 질문형으로 바꾸고, 첫 문장에서 '가장 중요한 비법'이라는 결론을 먼저 제시했습니다. AI 브리핑은 이 문단 전체가 '김치찌개 비법'을 소개하는 완결된 답변이라고 판단하고 통째로 인용할 가능성이 매우 높습니다.

[사례 2] **논문 같은 제목 → 질문에 관한 정의**

'~에 대하여'는 논문 제목 같습니다. 네이버 AI는 '그게 뭔데?'라는 질문에 대한 정의를 원합니다.

AI가 핵심 정의를 파악하기 어려운 교과서식 설명	AI가 인용하기 좋은 Q&A 구조
## ESG 경영에 대하여 ESG는 환경(Environment), 사회(Social), 지배구조(Governance)의 줄임말입니다. 기업 활동에 친환경, 사회적 책임 경영, 지배구조 개선 등 투명 경영을 고려해야 지속 가능한 발전을 할 수 있다는 의미를 담고 있습니다. 이는 기업의 재무 성과만을 판단하던 전통적인 방식과 차이가 있습니다.	## ESG 경영이란 무엇인가요? ESG 경영이란 기업이 이익만 추구하는 것을 넘어 환경 보호(E), 사회적 책임(S), 투명한 지배구조(G)를 통해 지속 가능한 성장을 추구하는 경영 방식을 의미합니다. 예를 들어 탄소 배출량을 줄이거나(E), 협력사와 동반 성장하고(S), 투명한 이사회를 운영하는(G) 활동 등이 모두 ESG 경영에 포함됩니다.

'~란 무엇인가요?'라는 명확한 질문형 소제목을 사용하고, 첫 문장에서 ESG 경영의 핵심 정의를 완결된 문장으로 제시했습니다. 이후 예시를 덧붙여 문단의 완결성을 높였으므로, 사용자가 'ESG 경영의 뜻'을 물었을 때 이 콘텐츠를 AI 브리핑이 가장 적합한 답변이라고 판단해서 인용할 가능성이 큽니다.

 단순 정보 전달 → 사용자의 기준 제시

'고려 사항이 많다'는 말은 하나 마나 한 소리입니다. 네이버 AI는 '그래서 기준이 뭔데?'에 해당하는 내용을 원합니다.

AI가 사용자의 상황에 맞게 답을 주기 어려운 일반 정보	AI가 '선택 기준'으로 인용하기 좋은 Q&A 구조
## 노트북 구매 가이드 노트북을 구매할 때는 고려해야 할 사항이 많습니다. CPU나 RAM 같은 성능도 중요하고, 무게나 화면 크기도 사용성에 큰 영향을 줍니다. 예산에 맞춰 다양한 브랜드의 제품을 비교해 보고, 사용 후기를 꼼꼼히 살펴보는 것이 좋습니다.	## 나에게 맞는 노트북은 어떻게 골라야 하나요? 나에게 맞는 노트북을 고르는 가장 중요한 기준은 주된 사용 목적(용도)을 먼저 정하고, 그에 맞는 예산을 설정하는 것입니다. 예를 들어 문서 작업과 웹 서핑이 주 목적이라면 50~80만 원대의 가벼운 노트북을, 영상 편집이나 고사양 게임이 목적이라면 150만 원 이상의 그래픽 카드를 탑재한 모델을 고려하는 것이 합리적입니다.

'나에게 맞는 ~'이라는 개인에게 맞는 질문형 소제목을 사용하고, 첫 문장에서 '사용 목적과 예산 설정'이라는 가장 핵심적인 선택 기준을 먼저 제시했습니다. 사용자가 고민하는 문제의 해결책을 구체적으로 제시하는 구조이므로, AI 브리핑은 이 콘텐츠를 '노트북 고르는 법'에 대한 유용한 답변으로 판단하고 인용할 가능성이 큽니다.

한눈에 보는 4대 AI 인용 전략

이제 글만 잘 쓰면 되는 시대는 끝났습니다. 우리가 주로 사용하는 AI는 취향이 각각 다릅니다. 분석가인 챗GPT에게 감정을 호소하거나, 설계자인 구글 AI에게 줄글을 던져 주면 여러분의 원고는 가차 없이 반려될 것입니다.

같은 콘텐츠라도 구조와 표현을 AI의 성향에 맞게 조금만 다듬으면 인용될 확률을 극대화할 수 있습니다.

다음 표는 이 장에서 다룬 내용을 요약한 AIEO 실전 공략집입니다. 책상 앞에 붙여 두고, 콘텐츠를 발행하기 전에 마지막으로 점검하는 체크리스트로 활용해 보세요.

4대 AI의 특징 비교표

플랫폼	페르소나(성향)	가장 선호하는 포맷	이것만은 지키세요 (핵심 전략)
챗GPT	데이터 분석가 (논리와 수치 숭배)	객관적 사실 + 구체적 숫자	형용사를 지우고 숫자로 증명하세요.
구글 AI 오버뷰 & 제미나이	구조 설계자 (정리정돈 중요)	표(Table)와 목록(List)	3줄 이상 길어지면 표로 정리하세요.
퍼플렉시티	팩트 체크 감사관 (의심과 검증)	결론+수치+출처의 완결된 문장	문단 첫 줄에 완벽한 문장을 제시하세요.
네이버 AI 브리핑	한국형 검색 해설사 (맥락과 경험)	Q&A 구조 + 두괄식 답변	사용자의 질문을 제목에 쓰고, 바로 답해 주세요.

AI는 어디서 답을 가져올까?
— 소셜 미디어 채널별 전략

AI는 정보를 수집할 때 모든 채널을 동일하게 신뢰하지 않습니다. AI에게 정부 웹 사이트나 공식 홈페이지는 1순위 인용 대상인 반면, 검증되지 않은 개인 SNS는 우선순위에서 밀려납니다. 이는 **각 채널이 가진 신뢰 구조와 메타 데이터 체계가 다르기** 때문이며, AI는 이러한 기준에 따라 어떤 채널의 정보를 가져갈지 철저하게 계산합니다.

02장에서는 AI가 신뢰하는 채널의 비밀과 작동 원리를 파헤칩니다. AI가 채널을 어떻게 스캔하고 분류하는지 이해한 뒤, 여러분의 **브랜드에 최적화된 채널 포트폴리오를 짜는 전략**을 제시합니다. 지금 여러분이 운영하는 채널이 AI가 즐겨 찾는 '핵심 취재처'인지, 아니면 그냥 스쳐 지나가는 '골목길'인지 냉정하게 확인할 시간입니다.

 # AI는 어떤 채널의 콘텐츠를 인용할까?

똑같은 글이라도 더 잘 인용되는 채널은?

최근 한 스타트업에서 재미있는 실험을 했습니다. 신제품 소개 콘텐츠를 토씨 하나 바꾸지 않고 자사 홈페이지와 브런치 Brunch에 동시에 올린 뒤, 한 달 동안 지켜본 것입니다. 참고로 브런치는 카카오의 글쓰기 채널입니다.

결과는 충격적이었습니다. 내용은 100% 동일했지만, 브런치에 올린 글이 자사 홈페이지에 비해 5배 이상 더 자주 인용되었습니다.

이 실험 결과에서 우리는 명확한 사실을 발견할 수 있습니다. AI 검색 시대에는 무엇을 what 쓰느냐 못지않게 어디에 where 올리느냐가 승패를 가른다는 것입니다. 아무리 훌륭한 글이라도 AI가 신뢰하지 않는 채널, AI가 읽지 않는 채널에 올리면 무용지물이 됩니다.

AIEO 전략의 절반은 채널 선택에서 결정됩니다. 이제 AI가 채널을 평가하는 3가지 기준을 알아봅시다.

① 신뢰성 신호 — 믿을 만한 곳인가?

AI는 누가 말했는가보다 어디서 말했는가를 먼저 봅니다. AI가 개인 블로그의 글보다 링크드인 LinkedIn의 글을 더 신뢰하는 이유는 링크드인이 실명에 기반한 전문가 프로필이라는 강력한 신뢰 자산을 갖고 있기 때문입니다.

같은 맥락에서 정부(.go.kr), 대학(.ac.kr), 주요 언론사 도메인은 AI의 검증을 무사통과하는 프리 패스 티켓과 같습니다. 또한 브런치나 미디엄 Medium 같은 대형 채널에 글을 싣는 것만으로도, 여러분의 콘텐츠는 플랫폼 파워에 힘입어 높은 신뢰 점수를 얻고 시작하게 되는 것입니다.

② 접근성 신호 ─ 문이 열려 있는가?

아무리 잘 쓴 유용한 콘텐츠일지라도 AI가 들어와서 읽을 수 없다면, 그 글은 AI 세상에서 존재하지 않는 것과 같습니다.

AI는 크롤러 Crawler라는 로봇을 보내 웹상의 정보를 수집합니다. 그런데 많은 국내 웹 사이트나 블로그에서는 보안을 이유로 이 로봇의 출입을 막아 두고 있습니다. 마치 맛집이라고 소문이 났는데, 정작 식당 문은 꽉 잠가 놓은 상태인 것이죠.

핵심은 간단합니다. AI 로봇이 내 채널에 들어오도록 허락하면 됩니다. 네이버 블로그처럼 플랫폼 정책 때문에 어쩔 수 없는 경우도 있지만, 워드프레스나 티스토리, 자사 홈페이지처럼 우리가 관리하는 채널이라면 반드시 AI 접근을 허용 상태로 설정해야 합니다. AI가 읽지 못하는 콘텐츠는 절대 인용될 수 없기 때문입니다.

페이지 로딩 속도 역시 중요한 접근성 신호입니다. AI는 일정 시간 안에 데이터를 읽지 못하면 크롤링을 중단하므로 속도가 느리거나 구조가 복잡한 페이지는 일부만 수집되거나 아예 누락됩니다. AI가 내 콘텐츠를

끝까지 읽고 정확히 인용할 수 있는 환경을 만드는 것이 곧 접근성을 확
보하는 방법입니다.

③ 구조화 신호 ─ 잘 정리되어 있는가?

AI는 많은 정보보다 정리된 정보를 편애합니다. AI에게 잘 정리된 정보
는 2가지로 이루어집니다.

첫째는 **뼈대를 세우는 것**입니다. H1(제목), H2(소제목), H3(본문) 태그를 사용하여 글의 위계를 잡아 주면, AI는 '아, 여기가 핵심 주제이고, 여기가 세부 내용이구나'라고 문맥을 정확히 파악합니다.

둘째는 **명찰을 달아 주는 것**입니다. 제목, 작성일, 저자, 가격, 평점 같은 정보에 '이것은 가격입니다', '이것은 날짜입니다'라는 디지털 명찰을 달아 주면 AI는 추측할 필요 없이 그 정보를 100% 확신하고 인용합니다.

AI 서비스별 편애하는 채널 — 그들의 단골집은 어디인가?

AI 서비스는 저마다 선호하는 정보의 채집 장소가 다릅니다. 마치 어떤 기자는 도서관에서 살고, 어떤 기자는 사건 현장을 뛰어다니는 것과 같습니다. AI는 주로 어디서 정보를 가져오는지, 그들의 단골 채널을 살펴보겠습니다.

① 챗GPT는 저자의 신뢰가 보증된 공간을 좋아한다!

데이터 분석가인 챗GPT는 누가 썼는가를 중요하게 봅니다. 익명의 게시판보다 작성자의 신원과 이력이 명확한 공간을 선호합니다.

그래서 챗GPT는 기업의 공식 뉴스룸, 실명에 기반한 전문가 칼럼, 그리고 비즈니스 프로필이 연동된 링크드인 포스트에서 주로 인용합니다. 이곳의 콘텐츠는 저자의 전문성expertise이 담보되어 있다고 판단하기 때문입니다.

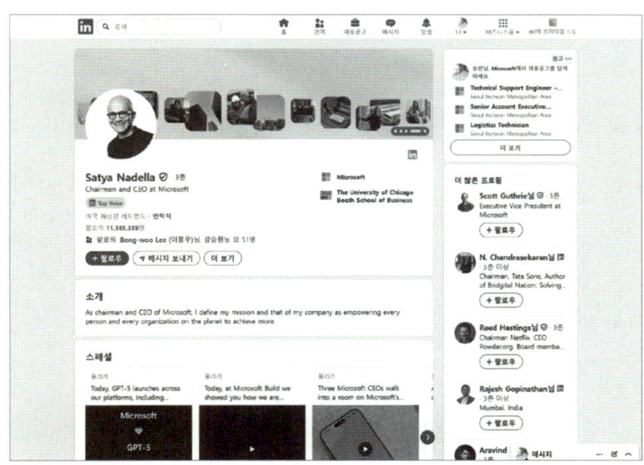

챗GPT가 저자의 신뢰도를 높이 평가하는 링크드인 포스트

② AI 오버뷰는 권위 있는 공식 문서고를 좋아한다!

구조 설계자인 구글 AI는 **가장 보수적인 채널을 선호**합니다. 시간이 섞인 블로그보다 공신력이 검증된 기관의 웹 사이트를 1순위로 여깁니다. 정부·공공기관(.go.kr), 대학·학술 기관(.ac.kr), 주요 연구소의 웹 사이트가 바로 그 대상입니다. 이곳에 올라온 보도자료, PDF 논문, 주요 연구 리포트는 **사실**fact 그 자체로 간주하기 때문입니다.

구글 AI가 가장 선호하는 정부·공공기관의 보도자료

③ 퍼플렉시티는 가장 빠른 뉴스 가판대를 좋아한다!

팩트 체크 감사관인 퍼플렉시티는 속도와 검증을 동시에 봅니다. 어제의 정보보다 지금 막 올라온 따끈한 정보를 찾아 헤맵니다. 그래서 퍼플렉시티는 실시간으로 업데이트되는 뉴스 미디어, 전문 기술 블로그, 그리고 레딧Reddit 같은 토론형 커뮤니티를 선호합니다. **최근 이슈에 대한 반응이 가장 빨리 올라오고, 댓글을 통해 교차 검증이 이루어지는 곳**이기 때문입니다.

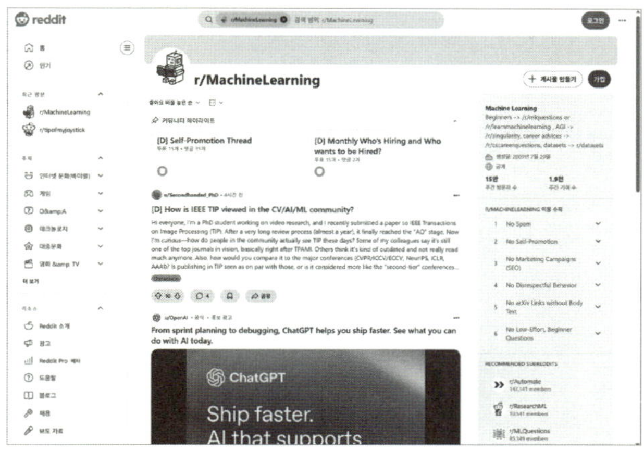

퍼플렉시티가 최신 정보의 출처로 선호하는 레딧

④ 네이버의 AI 브리핑은 한국인의 경험이 담긴 글을 좋아한다!

한국형 검색 해설사인 AI 브리핑은 한국어 데이터가 가장 풍부한 **자사 플랫폼**(네이버 블로그, 네이버 카페, 지식iN)을 편애합니다. 그리고 딱딱한 이론보다 생생한 썰을 좋아하는데, 네이버가 좋아하는 한국인의 경험과 문맥이 가장 자연스럽게 녹아 있기 때문입니다.

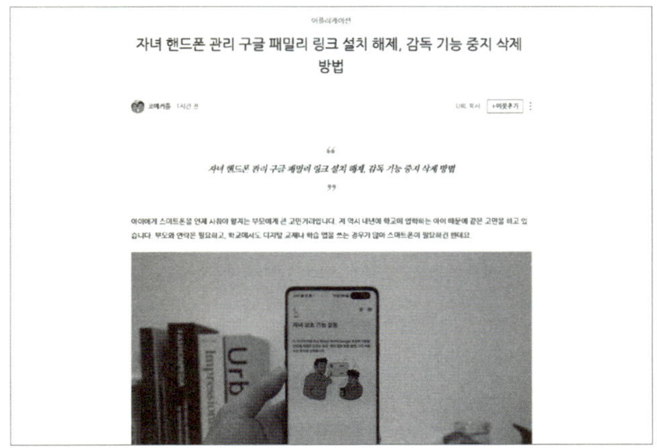

네이버 AI가 가장 선호하는 질문-답변 구조의 블로그

알아 두면 좋아요 '네이버 블로그'에만 올인하지 마세요!

올인은 위험한 전략입니다. 네이버는 2024년 하반기부터 자사 데이터 보호를 위해 해외 AI(챗GPT, 구글, 퍼플렉시티 등)의 크롤링을 엄격히 제한하고 있습니다.

Q. 네이버에서 해외 AI를 막는 이유는 뭔가요?

A. 가장 큰 이유는 'AI 데이터 주권' 때문입니다. 네이버 블로그와 카페에 쌓인 방대한 한국어 데이터는 네이버의 핵심 자산입니다. 네이버는 이 데이터를 자사 AI인 하이퍼클로바X의 경쟁력으로 삼고 싶어 합니다. 만약 챗GPT나 구글이 이 데이터를 공짜로 긁어 가서 학습해 버리면 네이버만의 경쟁력이 사라지기 때문입니다. 즉, 네이버의 이 정책은 경쟁자에게 우리 집 보물을 보여 주지 않겠다는 전략적 폐쇄 조치입니다.

Q. 마케터는 어떻게 해야 하나요?

A. 네이버의 폐쇄 정책 때문에 네이버 블로그에만 글을 올리면 글로벌 AI에게는 없는 콘텐츠가 될 수 있습니다. 국내 검색은 네이버 블로그로 한정하되, 챗GPT나 퍼플렉시티에 콘텐츠를 노출하고 싶다면 브런치나 미디엄, 워드프레스 같은 개방형 채널에도 반드시 함께 발행(미러링)하세요.

내 콘텐츠를 발행하는 채널의 등급이 중요한 이유

AI는 냉정합니다. 모든 채널을 똑같이 대접하지 않습니다. 여러분이 밤새워 잘 쓴 글이라 할지라도 AI는 그 글이 발행된 채널을 먼저 평가합니다. 채널이 가진 도메인의 권위와 구조화 수준에 따라 AI는 채널에 신뢰 등급을 매겨 놓고 정보를 수집합니다. 1등급 채널에 올라온 글은 검증된 사실로 AI가 받아들이지만, 등급 외 채널의 글은 개인 의견으로 치부하거나 아예 읽지 않을 수도 있습니다.

여러분이 운영하는 채널은 AI에게 어떤 등급을 받았을까요? 다음 표를 참고하여 냉정하게 진단해 보세요.

AI가 판단하는 채널 등급의 기준

등급	AI의 인용 가능성	대표 채널 유형	강점
골드	AI가 최우선으로 참조하는 채널 (인용률 50% 이상)	• 브런치, 미디엄 • 기업 링크드인 페이지 • 주요 언론사 • 공식 뉴스룸	• 도메인 권위가 매우 높음 • 크롤링 제약 없음(개방형) • 메타데이터의 자동 구조화
실버	최적화하면 골드 등급 받을 가능성 있음 (인용률 20~50%)	• 티스토리 • 워드프레스(최적화된) • 유튜브(자막 완비 시) • 개인 링크드인 페이지	• 기본적으로 AI 접근 가능 • 구조화된 플러그인이나 EEAT 신호를 보강하면 등급 상향 가능
브론즈	제한적으로 인용되는 채널(인용률 10% 미만)	• 네이버 블로그 (해외 AI 기준) • 인스타그램 • 개인 페이스북	• 크롤링이 차단되거나 제한됨 • 텍스트보다 이미지 중심이어서 정보를 구조화하면 읽기 어려워함

실무자를 위한 전략 제언 — 채널 포트폴리오를 재구성하라

앞에서 제시한 대로 자신의 채널을 진단한 결과 등급이 낮게 나왔다고 해서 실망할 필요는 없습니다. 핵심은 역할 분담입니다. AIEO 관점에서 실무자는 다음 2가지 질문을 통해 전략을 수정하면 됩니다.

① 나의 주력 채널은 골드 등급인가?

가장 공들여 쓴 핵심 콘텐츠(오리지널)는 반드시 골드 채널에 먼저 올려야 합니다. 그래야 AI가 그 내용을 원본으로 인식하고 학습합니다. 브론즈 채널(인스타그램, 네이버 블로그 등)에만 올리면 AI는 그 귀한 정보를 영영 모를 수도 있습니다.

② 브론즈 채널을 확산용으로 쓰고 있는가?

브론즈 채널은 AI 인용률이 낮지만, 사람 간의 바이럴과 트래픽에는 여전히 강력합니다. 따라서 AIEO 채널 전략은 다음과 같이 명확합니다.

> **[AIEO 채널 전략]**
> - **AI 타깃**: 골드 채널(브런치, 뉴스룸 등)에 원본을 올려 AI에게 학습시킨다.
> - **사람 타깃**: 브론즈 채널(네이버 블로그, SNS 등)로 요약본을 퍼날라 사람들을 모은다.

결국 AI 검색 시대의 승리는 좋은 글^{content}을 써서 올바른 채널^{channel}에 배치하는 전략가에게 돌아갑니다.

하면 된다! } 내 채널의 AI 최적화 등급 자가 진단하기

'홈페이지를 비싼 돈을 들여 만들었으니 문제없겠지?'라는 막연한 추측은 금물입니다. AI는 냉정합니다. 아무리 좋은 글도 AI의 기준을 통과하지 못하면 읽히지 않습니다.

지금부터 15분만 투자해 보세요. AI라는 깐깐한 심사위원의 눈으로 내 채널을 점검해 봅시다. 점수가 낮아도 괜찮습니다. 이 진단표는 성적표가 아니라 앞으로 무엇을 고쳐야 할지 알려 주는 개선 지도안이니까요.

01. 진단 대상 채널 선택

여러분이 가장 공들여 운영하는 메인 채널을 골라 적어 보세요.

예시 공식 뉴스룸, 블로그, 브런치, 유튜브, 인스타그램 등

[AI 최적화 등급 진단 채널]

채널 이름 1 ________________ (URL: ________________)

채널 이름 2 ________________ (URL: ________________)

02. 내 채널의 AI 최적화 등급 체크리스트(10점 만점)

AI가 콘텐츠를 인용할 때 확인하는 3가지 핵심 신호인 신뢰, 접근, 구조를 기준으로 질문을 구성했습니다. 해당하면 1점, 아니면 0점입니다.

핵심 질문	점수(1/0)
독립 도메인(.com, .co.kr)을 1년 이상 운영했나요?	
언론사나 외부 신뢰 사이트에서 내 글을 링크로 인용한 적이 있나요?	
콘텐츠 안에 저자의 이름, 프로필, 전문 분야를 명시했나요?	
채널의 주제가 일관되고, 최근 3개월 내 새 글을 올렸나요?	
robots.txt 설정에서 GPTBot 등 AI의 접근을 허용했나요?	
모바일에서 클릭한 즉시 화면이 뜨나요? (로딩 지연 없음)	
최근 게시물이 구글 검색 결과에 노출되었나요?	
제목(H1), 소제목(H2), 본문(H3)을 태그로 명확히 구분해서 쓰나요?	
작성일, 카테고리, 저자 정보를 HTML 코드로 명확히 표시했나요?	
Schema.org 같은 구조화 데이터 마크업을 적용했나요?	
총점	________점

03. 결과 해석

총점을 확인했나요? 다음 점수 구간을 참고하여 내 채널의 현재 등급을 확인한 후, 그에 따른 맞춤형 대응 전략을 살펴보세요.

[골드 채널(8~10점)]

AI 최적화 완료 — 콘텐츠 질에 집중하세요!

훌륭합니다! AI가 언제든 들어와서 정보를 읽고 인용할 준비가 된 최상의 상태입니다. 04장에서 배울 '황금 청크 문장'을 적용해 인용률을 극대화하세요.

[실버 채널(5~7점)]

AI 최적화 필요 — 기술 보완이 시급!

가능성은 있지만 아직 문턱이 있습니다. 주로 구조화가 안 되어 있거나 속도가 느려서 감점받았을 것입니다. 스키마 마크업(Schema.org) 플러그인을 설치하거나 로딩 속도를 개선하면 금방 골드 등급으로 올라갑니다.

[브론즈 채널(0~4점)]

기초 공사 필요 — 문부터 열어 주세요!

AI가 들어오고 싶어도 문이 잠겨 있거나(크롤링 차단) 길이 너무 험한 상태입니다. robots.txt 차단 여부를 확인하세요. 만약 네이버 블로그라면 브런치, 워드프레스 같은 개방형 채널을 서브로 개설해야 합니다.

[채널별 점수]

채널 이름 1 _________________________ 점수: _________________________

채널 이름 2 _________________________ 점수: _________________________

04. 등급별 대응 전략 세우기

내 채널을 골드 등급으로 끌어올릴 수 있도록 실행 계획을 세워 보세요. 다음에
제시한 '개선 방향 수립 예시'를 참고해서 1개월 안에 바로 실행할 수 있는 작은
행동 3가지를 적어 보세요.

예시 주제를 하나로 좁히고, 글마다 발행일 명시하기
표나 목록을 활용해서 데이터 구조화 강화하기
뉴스룸과 브랜딩 페이지를 따로 만들어서 전문성 확보하기
FAQ 섹션을 추가해서 질문 답변 구조 강화하기
저자 프로필과 전문 분야를 명확히 소개하기

[바로 실행할 수 있는 작은 행동]

1. ____

2. ____

3. ____

AI는 화려한 디자인이나 감동적인 문장보다 읽을 수 있는 구조와 믿을
수 있는 출처를 먼저 평가합니다. 이 체크리스트를 통과하지 못하면 아
무리 좋은 글일지라도 AI에게는 노이즈일 뿐입니다.

이제 내 채널의 상태를 알았으니, 다음 02-2절에서는 채널별(블로그, 유
튜브, 인스타그램, 링크드인 등)로 어떻게 점수를 채워서 골드 등급으로
만들 수 있는지 상세한 공략법을 알아보겠습니다.

 주요 4대 채널별 AI 인용의 특성과 작동 기준

AI가 편애하는 4가지 데이터 유형

지금부터는 주요 4대 채널별로 AI가 인용하는 특성과 작동 기준을 알아보고 AIEO를 어떻게 적용할지 구체적으로 다루겠습니다.

그런데 수많은 소셜 미디어 채널 중에서 왜 하필 블로그, 유튜브, 인스타그램, 링크드인일까요? 이 4개 채널이 단순히 인기가 많아서가 아닙니다. AI가 세상을 학습하는 4가지 핵심 데이터를 대표하는 표준 채널이기 때문입니다.

이 4대 채널을 공략한다는 것은 AI가 밥 먹듯이 소비하는 텍스트, 영상, 이미지, 신뢰 정보 전체를 장악한다는 의미입니다. 채널별로 AI가 읽는 언어의 구조 structure를 이해하고 그에 맞춰 콘텐츠를 올린다면, 브론즈 채

널도 골드급 인용률을 낼 수 있습니다. 이제 채널별로 하나씩 파헤쳐 보겠습니다.

1. 블로그 ─ 구조화 여부가 생존을 결정한다

요즘 많은 마케터들이 "블로그Blog는 이제 한물간 채널 아닌가요?"라고 묻습니다. 천만의 말씀입니다. AI 검색 시대에 블로그는 여전히 인용의 전통 강자입니다. 단순히 텍스트가 많아서가 아니라, AI가 인용하기 좋게 정보를 구조화하기 가장 좋은 플랫폼이기 때문입니다.

그렇다면 AI는 블로그의 무엇을 보고 구조가 좋다고 판단할까요? 블로그를 구조화하는 핵심 요소는 다음 3가지로 표와 목록 활용, FAQ 구조, 내부 링크 연결입니다.

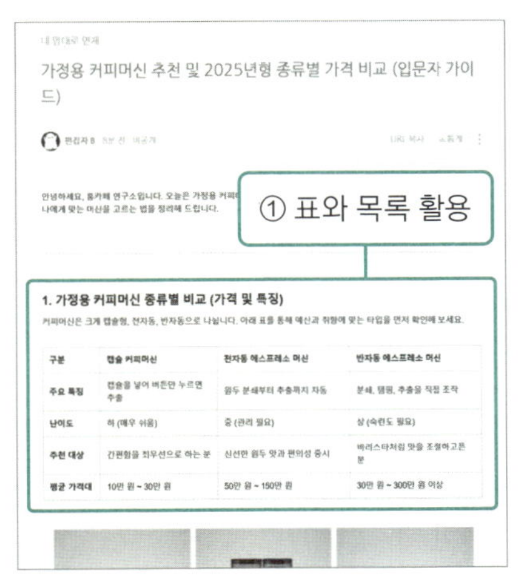

내 맘대로 연계

가정용 커피머신 추천 및 2025년형 종류별 가격 비교 (입문자 가이드)

편집자B 5분 전 비공개   URL 복사 소통계

안녕하세요, 홈카페 연구소입니다. 오늘은 가정용 커피머신 나에게 맞는 머신을 고르는 법을 정리해 드립니다.

1. 가정용 커피머신 종류별 비교 (가격 및 특징)

커피머신은 크게 캡슐형, 전자동, 반자동으로 나뉩니다. 아래 표를 통해 예산과 취향에 맞는 타입을 먼저 확인해 보세요.

구분	캡슐 커피머신	전자동 에스프레소 머신	반자동 에스프레소 머신
주요 특징	캡슐을 넣어 버튼만 누르면 추출	원두 분쇄부터 추출까지 자동	분쇄, 탬핑, 추출을 직접 조작
난이도	하 (매우 쉬움)	중 (관리 필요)	상 (숙련도 필요)
추천 대상	간편함을 최우선으로 하는 분	신선한 원두 맛과 편의성 중시	바리스타처럼 맛을 조절하고픈 분
평균 가격대	10만 원 ~ 30만 원	50만 원 ~ 150만 원	30만 원 ~ 300만 원 이상

2. 자주 묻는 질문 (FAQ)

Q. 입문자에게 가장 추천하는 머신은 무엇인가요?

A. 커피 맛보다 '관리함'이 중요하다면 캡슐 커피머신을 추천합니다. 반면, 카페와 가장 유사한 맛을 원하면서도 버튼 하나로 해결하고 싶다면 전자동 머신이 가장 적합합니다.

Q. 유지비는 얼마나 드나요?

A. 장기적으로는 전자동/반자동 머신이 저렴합니다. 캡슐은 개당 600900원 수준이지만, 원두(1kg)를 구매해 직접 추출하면 잔당 200300원 수준으로 비용을 절감할 수 있습니다.

3. 실패 없는 구매를 위한 3단계 체크리스트

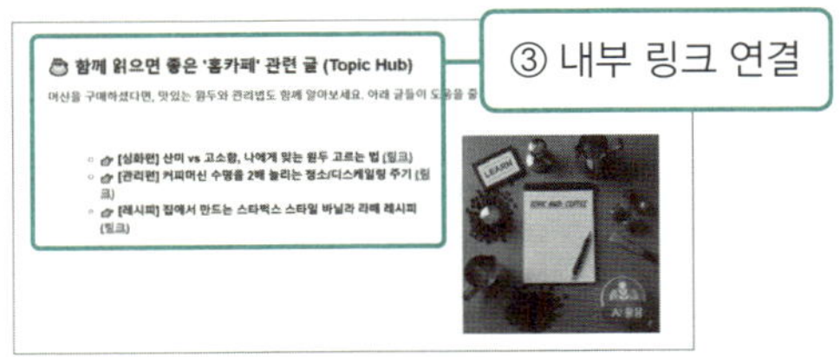

함께 읽으면 좋은 '홈카페' 관련 글 (Topic Hub)

머신을 구매하셨다면, 맛있는 원두와 관리법도 함께 알아보세요. 아래 글들이 도움을 줄

- [심화편] 산미 vs 고소함, 나에게 맞는 원두 고르는 법 (링크)
- [관리편] 커피머신 수명을 2배 늘리는 청소/디스케일링 주기 (링크)
- [레시피] 집에서 만드는 스타벅스 스타일 바닐라 라떼 레시피 (링크)

① 표와 목록 활용

AI는 긴 글보다 잘 정리된 정보를 좋아합니다. **가격 비교표나 단계별 절차**는 줄글로 쓰지 말고 표나 번호 목록으로 만드세요. 표나 목록은 구글 AI가 요약하는 과정에서 정보를 누락하지 않고 그대로 가져가기 가장 좋아하는 형태입니다.

② FAQ 구조

제목을 'Q. 제품 가격은 얼마인가요?'처럼 질문형으로, 본문 첫줄을 'A. 기본형은 월 9,900원입니다'처럼 직답형으로 쓰세요. 네이버 AI와 챗 GPT가 사용자 질문에 답할 때 가장 손쉽게 가져다 쓰는 패턴입니다.

③ 내부 링크 연결

관련된 콘텐츠끼리 서로 링크를 걸어 주면 블로그 자체가 하나의 **토픽 허브**로 인식됩니다. 예를 들어 '캠핑'을 주제로 글을 5~6편 작성하고 내부 링크로 서로 연결해 두면, AI는 이 블로그를 해당 분야의 권위 있는 전문 서적으로 판단하고 신뢰 점수를 높입니다.

▶ **토픽 허브(topic hub)**란 도서관의 '특별 기획 코너'처럼 특정 주제에 관한 정보가 체계적으로 모여 있는 중심 정보원을 의미합니다. 웹 사이트나 블로그에서도 마찬가지로 어떤 주제와 관련된 정보가 체계적으로 모두 연결된 곳을 토픽 허브라고 합니다.

승부는 구조에서 갈립니다. 한 포스트 안에 질문형 소제목(H2)을 최소 2~3개 배치하고, 그 아래 내용을 각각 **결론 → 근거 → 예시** 순으로 정리하세요. 화려한 문장력보다 단단한 구조가 AI의 선택을 받습니다.

하면 된다! } 블로그 게시글에 AIEO 적용하기

밋밋한 줄글로 이어진 블로그 게시물을 AI가 탐내는 구조화된 문서로 바꾸는 실습을 해보겠습니다. 지금 네이버 블로그 에디터를 기준으로 설명하지만, 티스토리나 워드프레스도 원리는 동일합니다. 지금 바로 블로그를 열고 따라 해보세요.

01. 수정할 게시글 열기

내 블로그에서 최근에 작성한 글 가운데 정보성 콘텐츠 하나를 선택합니다. [❶ 더 보기 → ❷ 수정하기]를 눌러 에디터 화면으로 들어갑니다.

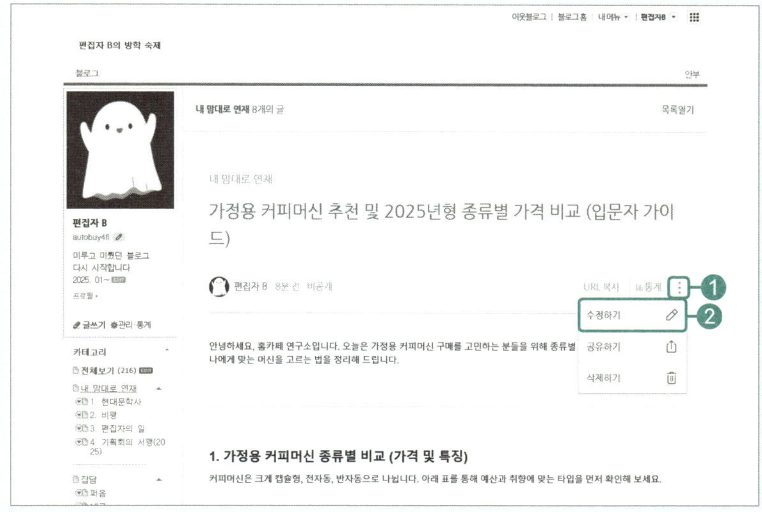

02. 소제목(H2)으로 뼈대 세우기

단순히 굵은 글씨로만 표시했던 소제목을 진짜 제목으로 바꿔 줍니다.
❶ 기존에 작성해 둔 소제목을 드래그해서 선택한 후, ❷ 메뉴에서 [문단

서식 변경]을 클릭하고 ❸ [소제목]으로 설정합니다. 이렇게 설정해 두면
AI는 앞으로 이 글의 소제목을 쉽게 인식합니다.

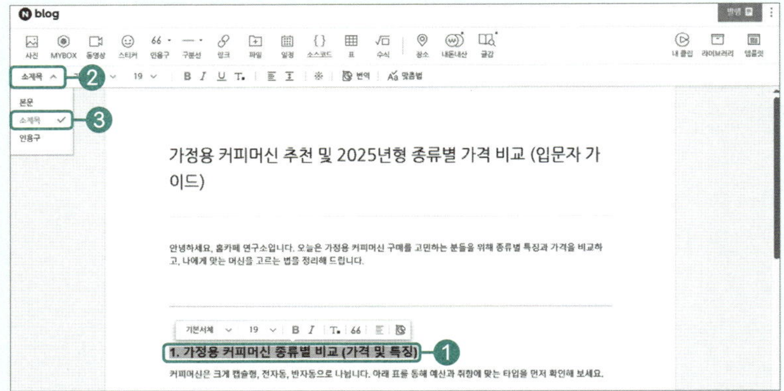

03. 줄글을 표와 목록으로 변환

3줄 이상 나열된 정보(가격, 장단점, 사양, 절차 등)는 표나 글머리 기호
를 찍어 목록으로 정리합니다. AI는 빽빽한 줄글 텍스트보다 이렇게 구
조화된 정보를 훨씬 좋아하며, 요약 결과에도 그대로 반영합니다.

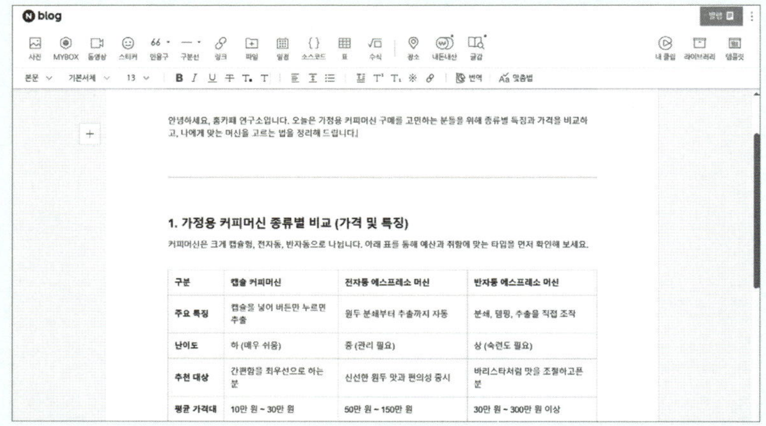

04. 하단에 FAQ 블록 심기

글을 마무리하는 부분에는 독자가 궁금해할 만한 질문 2~3개를 뽑아
FAQ 형식으로 추가합니다. 네이버 AI나 챗GPT가 답변을 생성할 때 가
장 먼저 긁어 가는 부분입니다. 다음 템플릿을 복사해서 대괄호 안에 자
신의 채널에 맞는 내용으로 채워 넣으세요.

[복사해서 쓰세요] AIEO 최적화 FAQ 템플릿

Q. [제품/서비스]란 무엇인가요?

A. [제품명]은 [핵심 기능]을 통해 [소비자가 겪는 불편]을 간단하게 해결해 주
는 솔루션입니다. 예를 들어 [구체적 수치: 평균 처리 시간 38% 단축]된다
는 결과가 나왔습니다(2025년 자사 조사).

Q. [제품/서비스]가 필요한 이유는 뭔가요?

A. 기존에 많이 쓰이던 [경쟁 솔루션]은 [소비자가 겪는 대표적 불편] 때문에
만족스럽지 못했습니다. [제품명]은 [해결 방법]으로 이런 불편을 깔끔하게
개선했죠.

Q. 어떤 효과를 기대할 수 있나요?

A. 실제로 [숫자]곳의 기업·고객 사례를 살펴봤습니다.
- [효과 1]: 평균 [수치]% 개선
- [효과 2]: 매달 [시간/비용] 절약
- [효과 3]: [만족도/리뷰] 점수 향상

(출처: [기관명], [년 월], [보고서명])

Q. 어떻게 시작할 수 있나요?

A. 어렵지 않습니다.
1. [단계 1: 가입 또는 신청]
2. [단계 2: 간단한 설정]
3. [단계 3: 바로 사용 시작]

더 자세한 안내는 [링크/연락처]에서 확인하실 수 있어요.

05. 발행 및 확인

구조화 작업이 끝났다면 [발행]을 누릅니다. 이제 이 블로그 글은 단순한 텍스트 덩어리가 아니라 AI가 이해하기 쉬운 구조화된 데이터로 다시 태어났습니다.

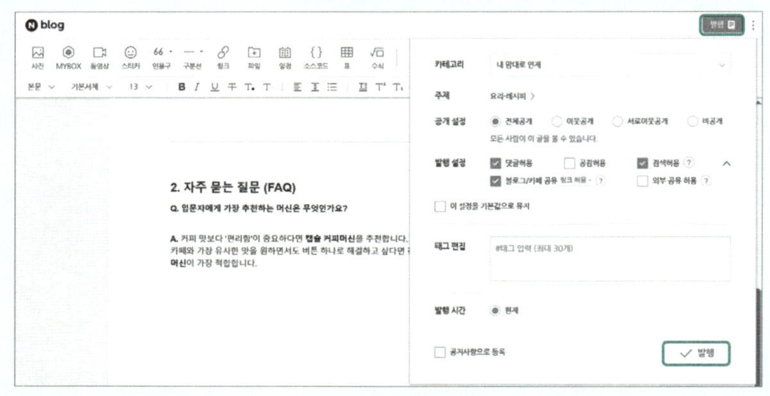

AI 시대에 블로그는 이제 더 이상 개인의 일기장이 아니라 구조화된 지식 저장소입니다. 화려한 미사여구보다 **표와 목록, 질문-답변 구조, 촘촘한 내부 링크**로 무장한 블로그만이 AI의 선택을 받아 살아남을 수 있습니다.

AI가 외면하는 블로그 글 요소	AI가 좋아하는 블로그 글 요소
• 서술형 소제목 + 장문 서술 • 문단은 길지만 요약 구간 없음 • 단독 글로 고립되었고 연결성 부족 • 출처와 최신성 불명확	• 질문형 소제목 + 두괄식 답변 • 표, 목록, FAQ 등 시각화한 데이터 • 내부 링크로 주제별 토픽 허브 형성 • 발행일과 출처 명확

2. 유튜브 — 영상보다 텍스트가 승부를 가른다

"유튜브Youtube는 영상 플랫폼이니까 화면 연출이 중요하지 않을까요?" 라고 생각했다면, 천만의 말씀입니다. AI는 영상을 직접 시청하지 않습니다. AI는 대규모 언어 모델Large Language Model, LLM을 기반으로 하기 때문에, 영상이 아닌 **텍스트 데이터를 읽고 학습**합니다.

물론 AI가 영상을 분석하는 기술도 있지만, 비용과 시간이 많이 들어서 아직은 **텍스트 자막**script과 **설명란**description 같은 텍스트 정보를 1순위로 신뢰합니다. 결국 AI의 인용 여부를 가르는 것은 화려한 영상미가 아니라 **텍스트의 품질과 구조화의 수준**입니다. 유튜브에서 영상 속 텍스트는 다음과 같이 **자막, 챕터 타임스탬프, 설명란 최적화**의 3요소로 완성됩니다.

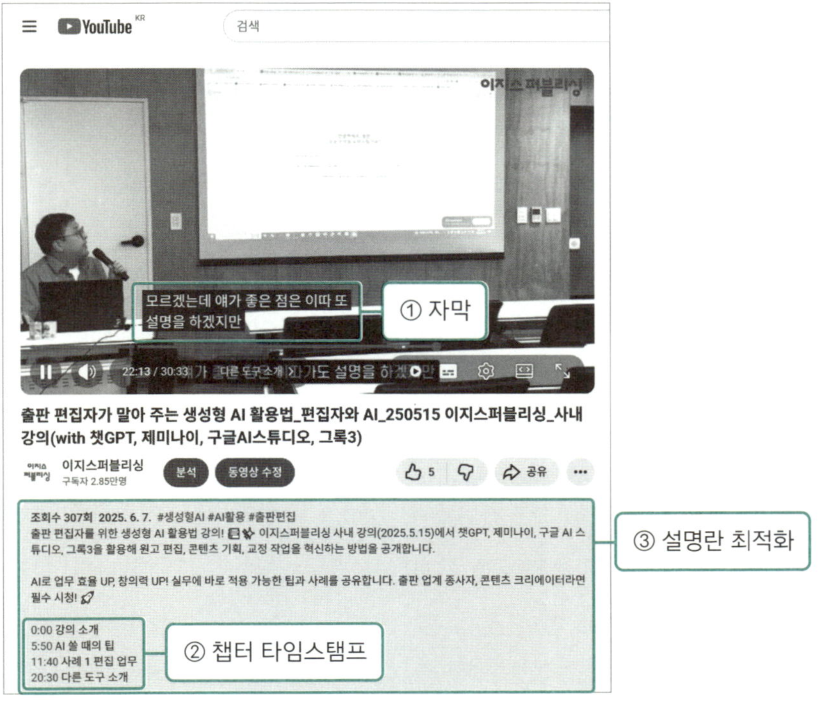

① 자막

자동 생성된 자막은 오류가 많아서 AI가 신뢰하지 않습니다. 반면에 **사람이 검수한 수동 자막**은 문장이 정제되어 있어서 AI가 정확한 정보로 인식하고 인용할 확률이 비약적으로 높아집니다.

② 챕터 타임스탬프

'02:30 AIEO 도구 소개'처럼 시간을 찍으면 AI는 '여기서부터 새로운 정보가 시작된다'라고 알려 주는 신호로 여깁니다. AI는 이 타임스탬프를 기준으로 긴 영상을 독립된 정보 블록chunk으로 쪼개서 이해합니다. 여러 주제를 다루는 영상일수록 챕터를 나누는 것만으로도 검색 노출 범위가 넓어집니다.

> ▶ **타임스탬프**(timestamp)란 영상에서 특정 시점을 '분:초' 형식으로 기록한 것을 말합니다. 설명란에 타임스탬프를 입력하면 유튜브가 자동으로 챕터(구간)를 생성합니다. 이렇게 챕터가 생기면 시청자가 원하는 부분으로 바로 이동할 수 있고, AI는 영상을 책의 목차처럼 구조적으로 이해합니다.

③ 설명란 최적화

설명란을 비워 두지 마세요. 영상의 핵심 **요약, 관련 링크, FAQ를 체계적으로 정리**하면 AI는 영상을 단순한 멀티미디어가 아니라 구조화된 정보 문서로 인식합니다.

승부는 '자막-챕터-설명란'의 3단 콤보에서 결정됩니다. 이 3가지 구조가 갖춰질 때 AI는 해당 영상을 신뢰할 수 있는 출처로 분류합니다. 유튜브에 업로드하기 전에 영상 스크립트를 문장 단위로 다듬고 텍스트 요소

를 꼼꼼히 채우세요. 단 몇 분 걸리는 텍스트 작업이 AI 인용률을 결정짓
는 중요한 역할을 합니다.

하면 된다! } 유튜브에 AIEO 적용하기

유튜브 영상 속 텍스트 요소와 자막/챕터/설명란을 최적화해서 AI 인용
률을 높이는 실습을 해보겠습니다. 지금 바로 유튜브를 열고 따라 해보
세요.

01. 수정할 영상 선택

유튜브에 접속해서 최근에 업로드한 영상을 고릅니다. 영상 밑의 [동영
상 수정]을 클릭합니다.

02. 수동 자막으로 교체

화면 오른쪽의 메뉴에서 [자막]을 클릭하세요. 유튜브가 자동으로 생성
한 자막이 보일 겁니다. 하지만 오타가 많아서 그대로 사용하면 AI 신뢰
도가 떨어집니다. 오타를 고치고, 특히 브랜드명과 핵심 키워드가 정확
한지 확인하세요. 이 텍스트가 곧 AI가 읽는 본문이 됩니다.

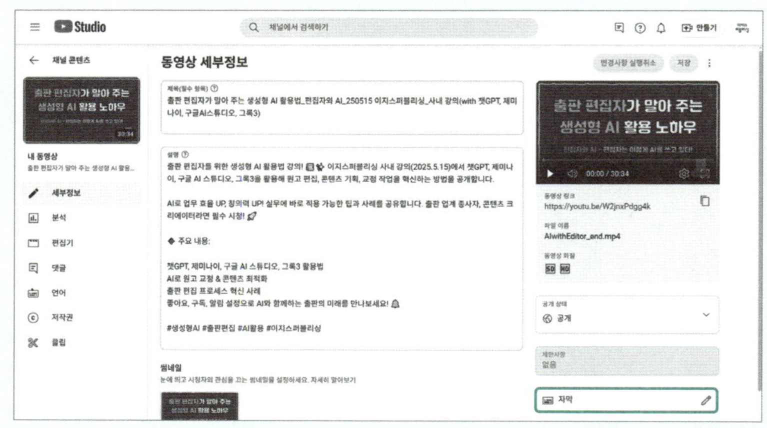

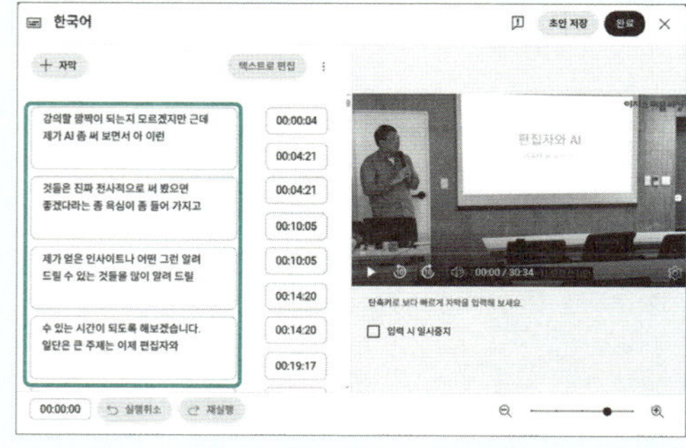

03. 챕터 타임스탬프 추가

설명란으로 이동합니다. 영상의 흐름이 바뀌는 지점마다 시간을 기록해
영상 목차를 만듭니다. 00:00부터 시작해야 챕터 기능이 활성화됩니다.

다음 템플릿을 복사해서 내용에 맞게 채워 넣으세요.

04. 설명란 최적화 및 저장

설명란의 맨 윗줄에 영상의 핵심 내용을 2~3개 문장으로 요약해 적습니다. 그리고 챕터 아래에 관련 블로그나 홈페이지 링크를 추가하세요. 모든 작업이 끝났다면 화면 오른쪽 위에서 [저장]을 클릭해 완료합니다.

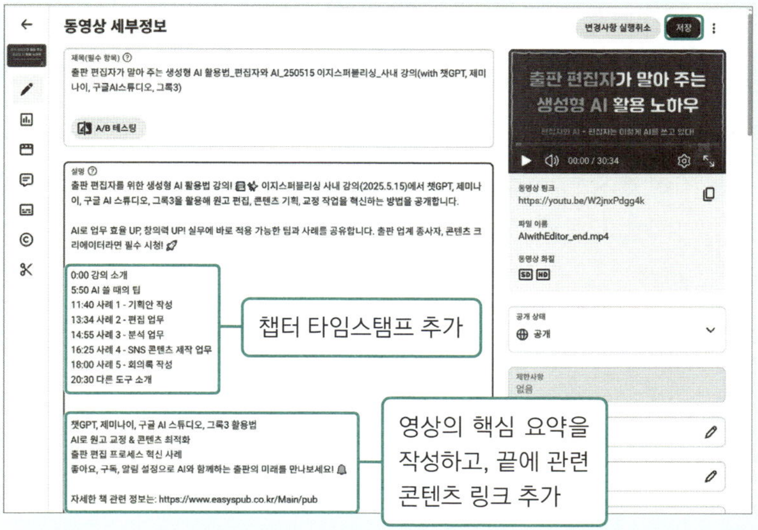

▶ B2C 브랜드라면 챕터 제목을 '효과'나 '기능' 대신 '실제 사용 후기', '3주 사용 변화'처럼 경험 중심의 언어로 바꾸면 AI, 특히 네이버와 유튜브 검색에 더 잘 인용됩니다.

유튜브는 단순히 눈으로 보는 영상 채널이 아닙니다. AI 검색 시대의 유튜브는 **텍스트로 신뢰를 증명하는 무대**입니다. 화려한 편집보다 정갈한 자막 한 줄, 친절한 챕터 구분이 인용 여부를 결정합니다.

지금 여러분의 영상을 다시 열어 보세요. 텍스트 요소를 다듬는 이 작은 작업이 AI가 내 영상을 선택하는 신뢰할 수 있는 출처로 만드는 가장 확실한 지름길입니다.

AI가 외면하는 유튜브 콘텐츠	AI가 좋아하는 유튜브 콘텐츠
• 오류가 많은 자동 생성 자막 • 핵심 정보가 분산된 저밀도 영상(정보 분산) • 챕터와 설명란이 미흡한 비구조적 콘텐츠	• 브랜드명이 확실한 수동 자막 • 논리적 구간으로 나뉜 챕터 타임스탬프 (정보 구조화) • 3줄 요약 + FAQ + 링크가 있는 설명란

3. 인스타그램 — 이미지 속 숨어 있는 텍스트의 힘

"**인스타그램**Instagram은 사진만 예쁘면 되는 거 아닌가요?"라고 말한다면 반은 맞고 반은 틀립니다. 사람은 사진을 보지만, AI는 사진 뒤에 숨어 있는 메타텍스트를 읽기 때문입니다. AI가 인스타그램에서 정보를 수집하는 텍스트 요소는 크게 3가지로 **대체 텍스트, 두괄식 캡션, 일관된 해시태그**입니다.

▶ 메타텍스트(metatext)란 사진과 같은 콘텐츠 뒤에 숨어 있는 설명 텍스트를 말합니다. AI는 사진을 직접 보는 것이 아니라, 사진 뒤에 붙은 텍스트 꼬리표(대체 텍스트, 해시태그 등)를 읽고 그 이미지의 내용을 이해합니다. 즉, 메타텍스트는 AI를 위한 이미지 번역기라고 이해하면 됩니다.

① 대체 텍스트

혹시 게시물을 올릴 때 대체 텍스트를 설정하고 있나요? 아마 대부분은 이 기능이 있는지도 모를 겁니다. 대체 텍스트는 시각장애인을 위한 접근성 기능으로 알려졌지만, AI에게는 이미지를 이해시키는 유일한 단서입니다.

단순히 '제품 사진'이라고 적지 마세요. '2025년 신제품 A 그립감을 보여 주는 측면 디자인 상세 이미지'처럼 맥락을 담아야 AI가 정확히 파악합니다. 대체 텍스트를 등록하는 방법은 이어지는 실습에서 자세히 설명합니다.

▶ 대체 텍스트(alt text, alternative text)란 이미지를 볼 수 없는 환경(시각장애인, 로딩 오류 등)에서 이미지를 대신해서 보여 주는 텍스트를 의미합니다. 쉽게 말해 이미지에 설명 라벨을 붙이는 것입니다. 대체 텍스트는 사람에게는 배려를, AI에게는 이해력을 제공하는 일석이조의 기능입니다.

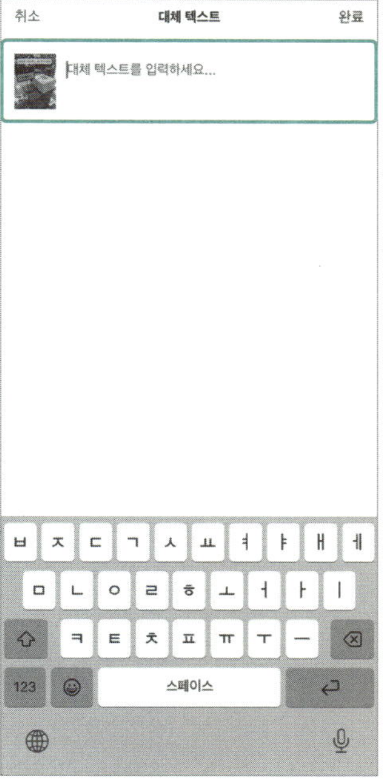

② 두괄식 캡션

AI는 긴 캡션을 끝까지 정독하지 않습니다. '오늘은 날씨가 참 좋네요…' 같은 감성적인 서론은 뒤로 미루세요. 인스타그램 캡션엔 '신제품 A 출시! 평균 30% 성능 향상'처럼 핵심 메시지를 첫 문장에 배치해야 AI가 요약 정보로 가져갑니다.

③ 일관된 해시태그

매번 유행하는 해시태그를 무작위로 쓰지 마세요. 우리 브랜드의 업종, 제품명, 핵심 가치를 담은 일관된 해시태그 5~10개를 꾸준히 반복해야 AI가 '아, 이 계정은 이 주제를 전문으로 다루는구나'라고 학습합니다.

이처럼 이미지 한 장을 올리더라도 '대체 텍스트 + 두괄식 캡션 + 일관된 해시태그'의 3박자를 갖추세요. 이 텍스트들이 모여서 AI에게 신뢰할 수 있는 출처라는 신호를 보냅니다.

하면 된다! } 인스타그램에 AIEO 적용하기

이미지 뒤에 숨어 있는 텍스트를 꺼내어 AI 인용률을 높이는 방법을 알아보겠습니다. 인스타그램은 앱으로 사용하는 경우가 많으니, 이번 실습은 스마트폰으로 진행합니다. 인스타그램 앱을 켜고 최근에 올린 게시물을 골라 수정해 보세요.

01. 수정할 게시물 선택

❶ 인스타그램에 올린 최근 게시물을 선택한 후 [❷ 더 보기 → ❸ 수정]
을 누르면 정보를 수정할 수 있는 화면으로 바뀝니다.

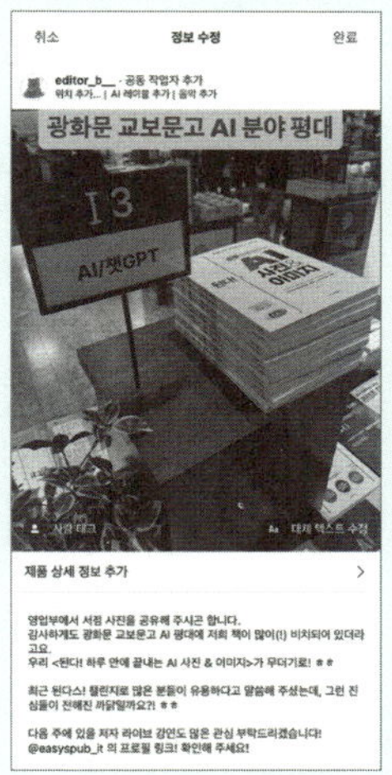

02. 캡션과 해시태그 다듬기

본문의 첫 문장을 핵심 정보가 담긴 두괄식 문장으로 바꿉니다. 그리고
하단에 있는 우리 브랜드를 나타내는 일관된 해시태그를 정리합니다.
다음 템플릿을 참고해서 대괄호([ ]) 안에 자신의 채널에 해당하는 내
용으로 채워 넣으세요.

[복사해서 쓰세요] 인스타그램 캡션 템플릿

이미지: 제품 사용 장면

대체 텍스트: 2025년 신제품 [제품명]을 사용해 [구체적인 결과]를 달성한 모
습. [주요 특징]이 드러나는 상세 이미지

캡션:

[핵심 메시지 한 문장]. (예: 3초 만에 진정되는 수분 크림 출시)

[구체적인 수치나 결과]로 입증된 [제품/서비스]의 효과를 경험해 보세요.

- [혜택 1]: [구체적인 설명]
- [혜택 2]: [수치를 포함한 설명]
- [혜택 3]: [실제 고객 피드백]

자세한 정보: [링크 또는 DM 안내]

#핵심키워드 #업종키워드 #지역키워드 #솔루션키워드 #결과키워드

03. 대체 텍스트 입력

많은 분들이 놓치는 단계입니다. ❶ [옵션 더 보기]를 클릭해 옵션 더 보기 창이 뜨면 맨 아래에서 ❷ [대체 텍스트 입력]을 선택합니다. 이어서 대체 텍스트 창이 나타나면 ❸ 이미지를 눈으로 보는 것처럼 묘사하는 문장을 대체 텍스트로 입력합니다.

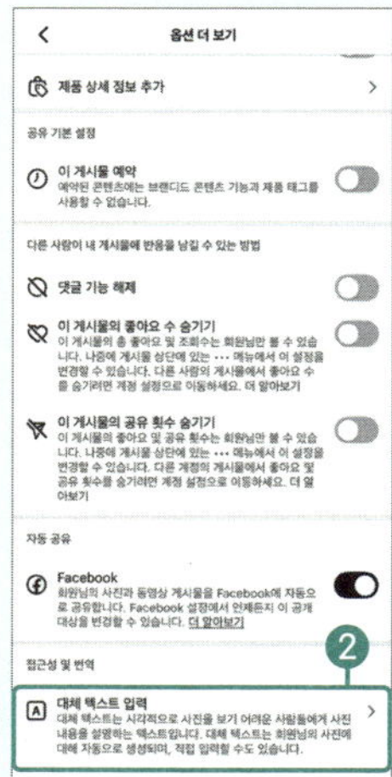
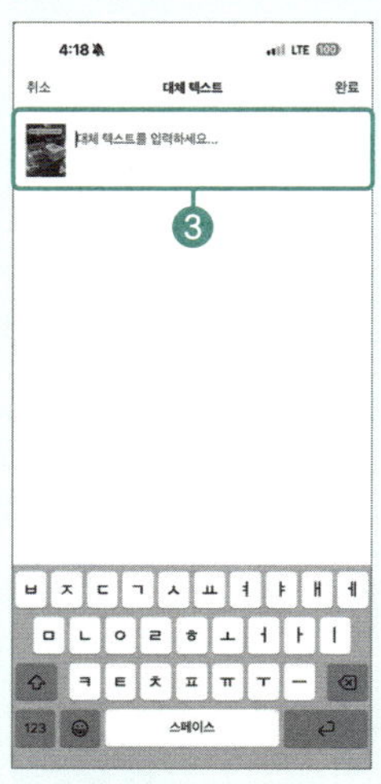

인스타그램은 겉으로는 이미지 채널이지만 AI의 눈에는 텍스트 데이터 보고입니다. 인스타그램에서는 화려한 사진 보정보다 꼼꼼하게 채워 넣은 대체 텍스트 한 줄이 AI 인용 여부를 결정짓습니다.

오늘 올린 이미지 한 장이 내일 AI 답변 속에서 우리 브랜드를 대표할 수 있습니다. 이것이 바로 인스타그램에서도 AIEO 전략이 필요한 이유입니다.

AI가 외면하는 인스타그램 콘텐츠	AI가 좋아하는 인스타그램 콘텐츠
• 글 없이 이미지만 있는 게시글 • 정리되지 않은 본문 • 주제와 어울리지 않는 해시태그	• 대체 텍스트로 맥락을 설명한 사진 • 첫 문장에 결론이 있는 두괄식 캡션 • 주제와 통일성을 유지한 해시태그

4. 링크드인 — 전문가 커뮤니티의 신뢰 네트워크

AI는 누가 많이 본 글보다 누가 쓴 글인가를 더 중요하게 평가합니다. 그런 관점에서 링크드인LinkedIn은 챗GPT나 구글 AI가 가장 신뢰하는 비즈니스 커뮤니티입니다. 링크드인은 익명성이 보장되는 다른 채널과 달리 실명, 현직, 경력, 학력을 투명하게 공개한 전문가들이 활동하기 때문입니다. AI는 링크드인에서 생성된 콘텐츠를 검증된 전문가 집단의 지식으로 인식하고, 인용의 우선순위를 높게 둡니다. 링크드인에서 AI가 읽는 신호는 전문성 신호, 맥락 신호, 참여 신호의 3가지입니다.

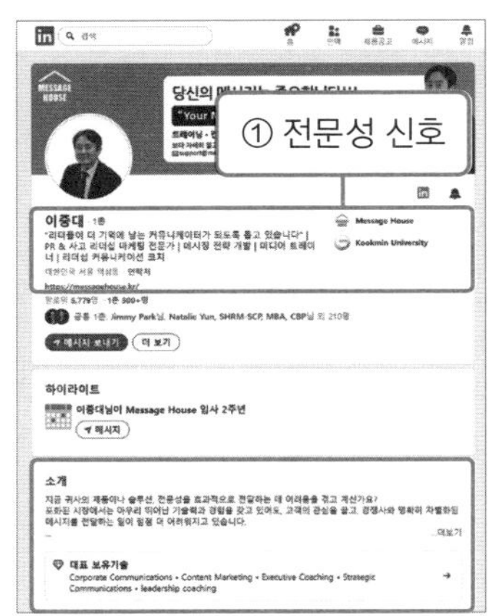

① 전문성 신호

작성자의 직무, 경력, 소속으로, 발행한 콘텐츠와 일치해야 합니다. AI는 글만 읽는 것이 아니라 글쓴이의 프로필을 함께 분석하기 때문입니다. 마케팅 관련 글을 쓴 사람이 실제 프로필에서 '10년 차 마케터'임이 확인되면, AI는 이를 EEAT가 확보된 정보로 분류합니다.

② 맥락 신호

AI는 '상 받았습니다'라는 단순 결과 통보보다 '문제의 배경 → 해결 과정 → 성과'가 논리적으로 연결된 글을 선호합니다. AI는 이런 구조의 글을 단순 홍보물이 아니라 학습 가치가 있는 인사이트로 판단합니다.

③ 참여 신호

단순히 좋아요의 개수보다 중요한 것은 댓글 토론입니다. 업계 동료나 전문가들이 남긴 밀도 높은 댓글과 대화는 AI에게 이 글은 전문가 집단

내에서 검증된 정보라는 강력한 신호를 보냅니다.

링크드인 공략의 핵심은 사실의 나열이 아니라 **문맥의 구조화**에 있습니다. 단순히 '우리 회사는 이런 성과를 냈습니다'라고 쓰지 마세요. '지난 분기 고객 이탈률이 18% 증가했을 때(문제), 추천 알고리즘을 재설계하여(과정), 3개월 만에 12% 개선했습니다(성과).' 이렇게 문제 해결의 서사를 갖출 때 AI는 비로소 인용합니다.

하면 된다! } 링크드인에 AIEO 적용하기

단순한 근황 보고를 AI가 탐내는 글로 바꾸는 실습을 해보겠습니다. 가장 반응이 좋았던 게시글을 골라 구조를 다시 잡아 보세요.

01. 기존 게시글 수정

내 피드의 글 중에 하나를 선택해 [❶ 더 보기 → ❷ 글 수정]을 누릅니다.

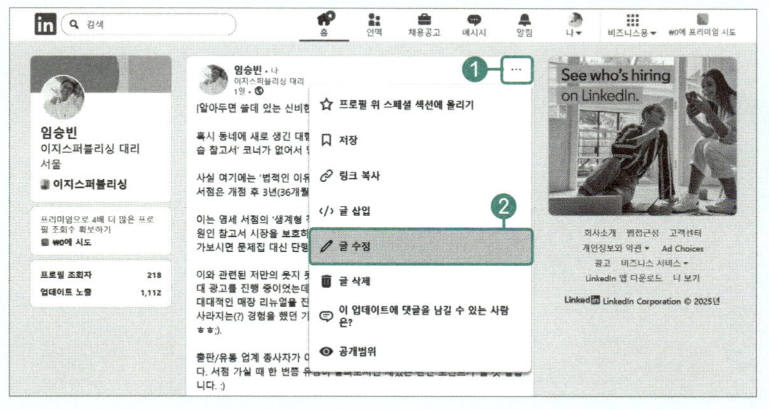

02. 4단 구조 템플릿 적용

'문제-과정-성과-인사이트'의 4단 구조로 다시 씁니다. 이때 '많이', '대폭' 같은 모호한 표현을 **구체적인 숫자**(%, 기간, 금액)로 바꾸는 것이 핵심입니다.

다음 템플릿을 복사해서 대괄호([ ]) 안을 자신의 채널에 맞는 내용으로 채워 넣으세요. 이 템플릿은 AI가 가장 좋아하는 글쓰기 구조입니다.

> **[복사해서 쓰세요] 링크드인 포스트 템플릿**
>
> - **문제 제기**: 최근 [업계 상황/이슈]에서 많은 기업이 [구조적인 문제]를 겪고 있습니다.
> - **해결 과정**: 저희 팀은 이를 해결하기 위해, [핵심 접근법/솔루션]을 도입했습니다.
> - **성과 공유**: 그 결과 [정량적인 수치: ㉫ 비용 20% 절감]를 달성했습니다.
> - **핵심 인사이트**: 이 경험을 통해 [배운 점/핵심 교훈]을 공유합니다.
> - **참여 유도**: 여러분은 비슷한 상황에서 어떤 시도를 해보셨나요? 의견이 궁금합니다.

03. 프로필 연결 강화

포스트 하단에 관련된 **프로젝트와 포트폴리오, 웹 사이트 링크를 추가합**니다. AI는 링크드인 내 연결 구조, 즉 프로필/포스트/링크를 신뢰의 맥락으로 읽기 때문입니다. 링크드인에서 많이 연결한 문장은 인용될 확률이 높습니다.

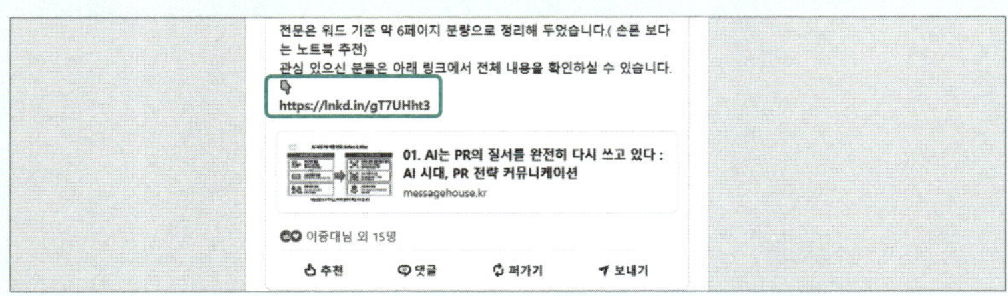

이렇듯 AIEO의 첫걸음은 새로운 콘텐츠를 만드는 것이 아니라 **기존 게시글을 좀 더 명확하게 바꾸는 것에서 시작**합니다. 좋은 글을 쓰려고 시간을 들여 노력하는 것도 좋지만, 이제는 AI가 근거로 삼을 수 있는 글을 쓰는 것이 더욱 중요해졌습니다.

> 👍 **알아 두면 좋아요** 링크드인의 뉴스레터 기능도 활용해 보세요!
>
> 링크드인의 뉴스레터 기능은 AI에게 '나는 이 주제를 다루는 전문가'라는 신호를 보내는 가장 강력한 도구입니다. 정기적으로 발행되는 뉴스레터는 구글과 챗GPT 검색 결과에 매우 잘 노출되므로, '채널 신뢰도'를 높이는 치트키로 활용하세요.

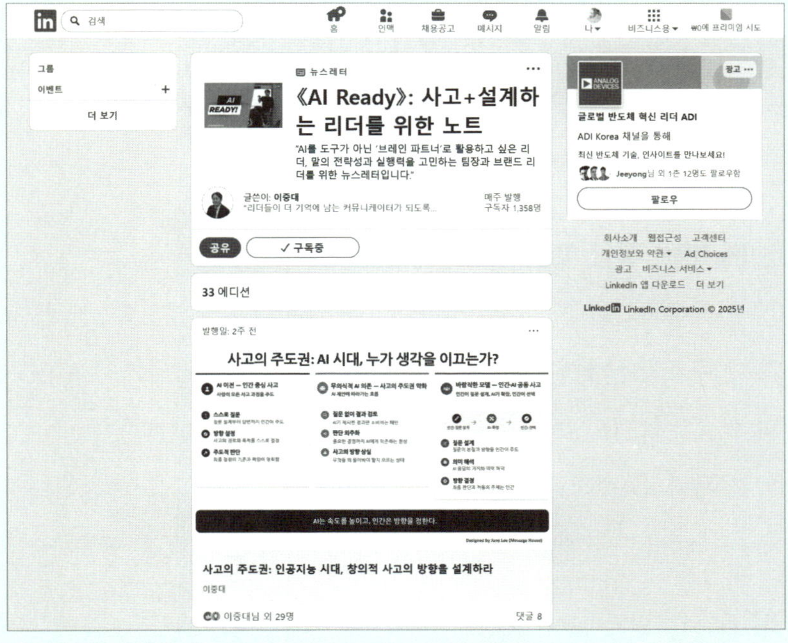

링크드인의 뉴스레터 기능

AI는 링크드인을 단순한 네트워크 공간이 아니라 **전문가들이 검증한 지식 데이터베이스**로 인식합니다. 오늘 여러분이 올린 포스트 한 편, 인사이트 한 줄이 내일 AI 검색 결과의 인용문으로 등장할 수 있습니다.

따라서 링크드인에서 이루어진 대화, 꾸준히 올린 기록 하나가 곧 **AI가 기억하는 신뢰 신호**가 됩니다. AI 시대의 커뮤니케이션 경쟁력은 많이 노출되는 글이 아니라 AI와 사람이 동시에 신뢰하는 글로 측정됩니다.

AI가 외면하는 링크드인 콘텐츠	AI가 좋아하는 링크드인 콘텐츠
• '대박났어요!', '느낌이 좋아요'처럼 감정 중심의 주관적인 반응 • '좋아요'만 많은 단순 홍보형 게시물 • 한 줄로 끝나는 단순 후기나 자화자찬형 포스트 • 계정의 일관성이 없는 잡다한 콘텐츠 모음	• '고객 유지율 12% 개선', '6개월 내 비용 25% 절감'처럼 수치로 검증된 결과 • 업계 전문가의 피드백과 토론이 이루어진 댓글 • 문제의 원인, 과정, 해결책을 함께 정리한 글 • 동일한 주제로 꾸준히 올린 인사이트 시리즈

한눈에 보는 주요 4대 채널의 최적화 전략

AI는 편식쟁이입니다. AI는 모든 글을 똑같이 다루지 않고, 자신의 입맛에 맞게 **구조가 잘 잡힌 글만 골라 인용**하기 때문입니다. 따라서 AIEO 실전의 핵심은 채널의 특성에 맞는 맞춤형 구조화에 있습니다.

이번 절에서 다룬 주요 4대 채널별 핵심 전략을 표로 정리했습니다. 이 표를 저장해 두고 콘텐츠를 발행하기 전에 체크리스트로 활용하세요.

채널	핵심 공략 포인트	즉시 적용 치트키	짧은 예시
blog 블로그	구조화된 지식 (FAQ 구조 + 내부 링크)	질문형 소제목(H2) + FAQ 섹션 추가	제목을 'Q. 이 제품은 어떻게 사용하나요?'로 변경하고 바로 답하기
유튜브	텍스트 3단 콤보 (자막·챕터·설명란)	수동 자막 입력 + 주제별 챕터 나누기	설명란에 '03:12 마케팅 예산 절감 팁'의 타임스탬프 추가하기
인스타그램	메타텍스트 (대체 텍스트 + 두괄식 캡션)	이미지 설명 (대체 텍스트 입력 + 핵심 결론을 첫 줄에 배치)	캡션 첫 줄에 '2026 봄 신상 재킷 출시! 핏이 다른 슬림 디자인'처럼 배치하기
링크드인	논리적 서사 (전문성 + 맥락)	'문제-해결-성과-인사이트'의 4단 구조로 다시 쓰기	'고객 유지율을 12% 개선한 과정을 공유합니다, 여러분은 어떻게 하시나요?'

AI는 기다려 주지 않습니다

작은 실행 하나가 모여 AI 인용률이라는 큰 차이를 만듭니다. AIEO 전략을 한마디로 정의하면, 단순히 글을 쓰는 것이 아니라 AI가 다니는 길(구조)을 닦는 일이라고 할 수 있습니다.

오늘 여러분이 무심코 지나칠 뻔한 자막 한 줄, 귀찮아서 비워 둔 대체 텍스트 한 문장이 내일 AI 검색 결과에서 우리 브랜드를 대표하는 결정적인 단서가 됩니다. 지금 바로 수정 버튼을 클릭하세요.

이제 여러분 차례입니다. 눈으로만 읽고 넘어가면 아무것도 변하지 않습니다. 다음 4가지 미션 가운데 딱 하나만 골라서 이번 주 안에 자신의 채널에 적용해 보세요.

블로그 : 조회수 높은 글의 소제목을 질문형으로 바꾸고, 하단에 FAQ 넣기
유튜브 : 최근 올린 유튜브 영상에 수동 자막과 챕터 타임스탬프 추가하기
인스타그램 : 인스타그램 베스트 게시물에 구체적인 대체 텍스트 입력하기
링크드인 : 단순 성과 보고를 '문제-해결-성과' 구조의 경험에 기반한 인사이트 포스트로 수정하기

 # 어디에 올려야 할까?
— 4가지 실무자 유형별 AIEO 전략

당신은 어떤 유형의 실무자인가요?

AIEO 전략은 모든 사람에게 일률적으로 적용되지 않습니다. 기업의 규모, 비즈니스의 성격, 그리고 실무자가 맡은 역할에 따라 AI에게 어필해야 하는 신호가 다르기 때문입니다. 한정된 시간과 리소스를 어디에 집중해야 할지 결정하려면, 먼저 나의 역할과 목표를 명확히 정의해야 합니다.

예를 들어, 마케터는 대중적인 검색 결과에서 우리 제품이 많이 언급되는 것이 중요하지만, 컨설턴트는 특정 분야의 권위 있는 답변에 자신의 이름이 인용되는 것이 훨씬 중요합니다. 이에 따라 주력해야 할 채널과 운영 방식이 완전히 달라집니다.

다음 4가지 실무자 유형 중에서 자신은 어디에 해당하는지 골라 보세요.

실무자 유형	설명	추천 대상
브랜드 마케터	주 업무는 제품/서비스 홍보	인하우스 마케터, 홍보 담당자
전문가	지식 공유와 퍼스널 브랜딩	변호사, 컨설턴트, 1인 기업가
커뮤니티 운영자	특정 집단과 고객군 관리	카페 매니저, 오픈채팅방 운영자
크리에이터	다양한 포맷(영상, 이미지) 제작	유튜버, 인스타그래머

AI가 신뢰하는 채널과 최적화 방법은 4가지 실무자 유형에 따라 달라집니다. 하나씩 자세히 살펴보겠습니다.

1. 브랜드 마케터형 — 국내와 글로벌을 공략하는 '투 트랙 전략'

브랜드 마케터의 목표는 명확합니다. 우리나라 사람에게도, 글로벌 바이어에게도 브랜드가 보여야 합니다. 그러므로 네이버 블로그 하나만으로는 부족합니다. 국내 검색을 장악하는 네이버 AI와 전 세계 정보를 훑는 글로벌 AI(챗GPT), 그리고 시각 정보를 검색하는 영상 AI까지 모두 잡는 입체 전략이 필수입니다.

마케터에게는 무기 3개가 필요합니다. 바로 네이버 블로그, 브런치/티스토리, 유튜브입니다. 이 채널로 텍스트와 영상을 조합해서 AI의 눈과 귀를 모두 사로잡으세요.

- **네이버 블로그**: 국내 소비자와 AI 브리핑을 잡는 '내수용 텍스트 본진'
- **브런치/티스토리**: 챗GPT와 퍼플렉시티가 정보를 수집하러 오는 '수출용 전진기지(outpost)'
- **유튜브**: 제품의 실제 모습과 사용법을 증명하는 '시각적 신뢰 본부'

이 채널 3개를 조합하면 마케터의 방어선은 완벽해집니다. 네이버 블로그로 국내 인지도를 다지고, 브런치로 글로벌 텍스트 검색을 장악하며, 유튜브로 '어떻게 쓰나요?'의 질문에 영상으로 답하는 삼각 전략을 구축하는 것입니다.

네이버 블로그 — 대화하듯 묻고 답하라(FAQ)

네이버 AI는 딱딱한 설명보다 **친절한 문답**을 좋아합니다. '이 제품 어때요?', '가격은 얼마인가요?'처럼 소비자가 검색할 법한 질문을 제목으로 던지고, 본문에서 바로 답을 주세요. 네이버 AI는 이러한 FAQ 구조를 가장 정확한 답변으로 인식해서 그대로 인용합니다.

브런치/티스토리 — 결론부터 던져라(두괄식)

글로벌 AI는 성격이 급합니다. 정보를 한 문단에 하나씩 담되, **첫 문장에 결론을 배치**하세요. 미사여구로 시작하는 기승전결 구조보다 '핵심 메시지(결론) → 근거(데이터) → 상세 설명'으로 이어지는 역피라미드 구조일 때 챗GPT가 정보를 추출하기 가장 쉽습니다.

유튜브 — 텍스트로 신뢰를 보내라(자막/챕터)

유튜브는 영상이지만 **AI는 텍스트(자막)을 읽습니다.** 제품의 핵심 기능과 장점을 정확한 수동 자막으로 입력하고, 설명란에는 챕터 타임스탬프를 넣어 주세요. 이렇게 구조화된 영상은 구글 검색 결과와 AI 답변에서 추천 영상으로 뜰 확률이 비약적으로 높아집니다.

2. 전문가형 — EEAT 신호를 강화해서 권위를 입증하는 '전문성 전략'

전문가에게 AI 인용은 단순한 노출 문제가 아닙니다. 분야의 권위자라는 공식 인증digital certification입니다. 챗GPT나 네이버 AI가 '이 질문에 대한 홍길동 님의 글에 따르면…'이라고 인용하는 순간, 여러분은 AI가 보증하는 전문가로 등극합니다. 반대로 AI에게 인용되지 않는다면, 아무리 훌륭한 지식이라도 대중과 시장에 닿지 못하는 고립된 외침이 될 위험이 있습니다.

한 IT 보안 전문가의 사례가 정답을 보여 줍니다. 이 전문가는 투 트랙 화법을 구상했습니다. 네이버 지식iN에서는 '해킹당했을 때의 대처법 3가지'처럼 대중의 눈높이로 답했고, 브런치에서는 최신 보안 논문을 인용하며 깊이 있게 분석한 글을 썼습니다. 6개월 뒤 어떤 일이 벌어졌을까요? 네이버 AI는 그를 친절한 보안 멘토로, 챗GPT와 퍼플렉시티는 한국의 사이버 보안 권위자로 인용하기 시작했습니다. AI가 그의 글에서 강력한 EEAT(경험·전문성·권위·신뢰) 신호를 감지했기 때문입니다.

전문가는 네이버 지식인, 브런치, 자체 블로그의 콘텐츠가 AI에게 인용될 수 있도록 역할에 맞게 최적화해야 합니다.

- **네이버 지식iN**: 대중의 질문에 답하며 인지도를 쌓는 '친절한 상담소'
- **브런치**: 깊이 있는 식견과 출처를 명시해서 글로벌 AI를 설득하는 '전문성 증명서'
- **자체 블로그**: 흩어진 지식을 모아 거대한 도서관을 짓는 '지식의 본산(토픽 허브)'

네이버 지식iN — 문제 해결이 핵심! 결론부터 말해라

장황한 서론은 독과 같습니다. 답변의 첫 문장에서 핵심 결론을 밝히고 신뢰할 수 있는 수치와 출처를 곁들이세요. 예를 들어 '보안이 중요합니다' 대신 '결론부터 말씀드리면 A 소프트웨어가 가장 안전합니다. 2024년 AV-TEST 기준 99.8% 탐지율을 기록했기 때문입니다.'라고 쓰세요. 네이버 AI는 이 직답형 구조를 가장 선호합니다.

브런치 — 거인의 어깨 위에 올라타라

내 주장만 펼치지 말고 권위 있는 외부 연구나 문헌을 적극 인용하세요. 글로벌 AI는 '내 생각에는…'보다 '하버드 비즈니스 리뷰에 따르면…'으로 시작하는 글에 더 높은 신뢰 점수를 부여합니다. 외부의 권위를 빌려 나의 전문성을 증명하는 것입니다.

자체 블로그 — 지식의 거미줄을 짜라

블로그를 단순한 일기장이 아닌 백과사전으로 만드세요. '사이버 보안 완전 정복' 같은 메인 페이지pillar page를 만들고, 세부 주제 글들을 내부 링크로 촘촘히 연결하세요. AI는 이렇게 구조적으로 잘 연결된 블로그를 해당 분야의 토픽 허브, 즉 가장 믿을 수 있는 정보의 원천으로 판단합니다.

3. 커뮤니티 운영자형 — 로컬의 정보를 웹으로 확장하는 '개방 전략'

육아, 취미, 지역 정보를 다루는 커뮤니티 운영자에게 네이버 카페는 대체 불가능한 무기입니다. 한 육아 카페 운영자의 사례를 볼까요? '어린이집 입소 대기 꿀팁', '신생아 열날 때 대처법' 같은 부모들의 절박한 질문에 꾸준히 답글을 달고, 공지사항을 정리했더니, 어느새 해당 분야에서 AI 브리핑의 단골 인용처가 되었습니다. 네이버 카페 특유의 질문-답변 구조와 누적된 활동 데이터가 AI에게 강력한 신뢰 신호로 작용한 것입니다.

하지만 치명적인 한계가 있습니다. 네이버는 우물 안 개구리라는 점입니다. 네이버 카페의 정보는 폐쇄적이어서 챗GPT나 퍼플렉시티 같은 **글로벌 AI가 접근하지 못합니다.** 따라서 카페 안에 아무리 좋은 정보가 쌓여 있어도 글로벌 검색 시장에서는 없는 정보나 마찬가지입니다.

따라서 전략의 핵심은 안(네이버)에서 생산된 알짜배기 정보를 밖(글로벌)으로 꺼내어 확장하는 것입니다. 그래야 해외 교민, 한류 소비자, 글로벌 고객까지 AI 검색을 통해 우리 커뮤니티로 유입될 수 있습니다.

커뮤니티 운영자는 안방 살림과 대외 활동을 병행해야 합니다. 다음과 같이 네이버 카페, 티스토리/브런치, 인스타그램의 3개 채널을 유기적으로 연결하세요.

- **네이버 카페**: 회원들과 밀착 소통하며 팬덤을 만드는 '로컬 본진(local base)'
- **티스토리/브런치**: 카페의 고급 정보를 개방형 웹으로 내보내는 '글로벌 아카이브 (global archive)'
- **인스타그램**: 텍스트 정보를 이미지로 가공해 확산하는 '비주얼 확성기'

네이버 카페 — 흩어진 정보를 FAQ로 묶어라

카페 게시판은 정보가 파편화되기 쉽습니다. **회원들이 자주 묻는 질문**을 모아 필독 공지사항으로 정리해서 고정해 두세요. 네이버 AI는 수만 개의 댓글을 다 읽는 대신, 잘 정리된 이 FAQ 게시글 하나를 대표 답변으로 인용할 확률이 매우 높습니다.

티스토리/브런치 — 폐쇄된 정보를 해방하라

카페에만 두기 아까운 **고품질 게시글이나 베스트 댓글 모음을 잘 다듬어 티스토리에 올리세요.** 이때 태그와 키워드를 일관되게 유지하면, 네이버라는 울타리에 막혀 있던 정보가 구글과 챗GPT라는 넓은 바다로 흘러나갑니다. 이것이 바로 콘텐츠 수출 전략입니다.

인스타그램 — 텍스트를 시각화하라

단순한 소통을 넘어 **정보성 콘텐츠로 승부**하세요. 카페의 꿀팁 텍스트를 카드뉴스나 릴스로 요약하고, 대체 텍스트와 두괄식 캡션을 꼼꼼히 채워 넣으세요. 이렇게 하면 AI는 이미지를 단순한 그림이 아니라 정보 덩어리로 인식하고, 시각 정보가 필요한 답변에 여러분의 콘텐츠를 추천합니다.

4. 크리에이터형 — 텍스트·이미지·영상을 연결하는 '멀티모달 전략'

텍스트, 이미지, 영상을 동시에 다루는 크리에이터에게 AI 검색 시대는 축복입니다. AI는 이제 글자만 읽지 않습니다. 멀티모달 능력을 갖춘 AI는 영상의 자막을 읽고 이미지의 맥락을 분석하여 가장 신뢰할 만한 조각을 인용합니다.

▶ 멀티모달(multi-modal)이란 AI가 텍스트뿐만 아니라 이미지, 소리, 영상 등 다양한 형태의 정보를 동시에 보고 듣고 이해하는 능력을 말합니다. 이제 AI는 영상 속 장면과 목소리까지 분석해서 콘텐츠의 가치를 판단합니다.

즉, 크리에이터의 과제는 선택이 아니라 최적화optimization입니다. 같은 '파스타 레시피'라도 유튜브(영상), 인스타그램(이미지), 블로그/티스토리(텍스트)의 문법에 맞게 변형해서 올리면 구글, 챗GPT, 네이버 AI가 동시에 인용하는 트리플 크라운을 달성할 수 있습니다.

[사례] '3분 파스타 만들기' 콘텐츠 하나로 3마리 토끼 잡기

요리 크리에이터의 성공 사례를 봅시다. 이 크리에이터는 '3분 파스타 만들기'라는 콘텐츠를 다음과 같이 유튜브, 인스타그램, 블로그/티스토리의 3가지 형태로 가공했습니다.

- **유튜브**: 전체 조리 과정을 영상으로 보여 주며, 자막과 챕터를 촘촘히 넣었습니다.
- **인스타그램**: 완성한 파스타 사진을 올리고, 대체 텍스트에 맛과 재료를 상세히 묘사했습니다.
- **블로그/티스토리**: 영상에 나온 레시피를 표와 순서도로 정리해서 올렸습니다.

이 콘텐츠가 실제로 AI에게 노출되었는지 확인해 보았습니다. 결과는 다음과 같습니다.

챗GPT	퍼플렉시티	AI 오버뷰
유튜브 자막을 읽고 핵심 조리 팁을 요약해 답변	인스타그램의 캡션을 인용해 재료 정보를 제공	티스토리의 레시피 표를 통째로 가져옴

이것이 바로 크리에이터가 가야 할 길입니다. 하나의 소스로 모든 AI를 만족시키는 전방위 포위 전략입니다.

크리에이터는 다음과 같이 유튜브, 인스타그램, 블로그/티스토리라는 3개의 무대를 동시에 운영해야 합니다. 이때 메인 무대는 유튜브이고 인스타그램은 예고편을, 블로그/티스토리는 상세 설명서를 작성할 때 사용합니다.

- **유튜브(메인 무대)**: 영상과 자막으로 풍부한 신뢰 신호를 보내는 '본진'
- **인스타그램(예고편)**: 핵심 이미지로 시각적 검색을 노리는 '비주얼 훅(hook)'
- **블로그/티스토리(상세 설명서)**: 영상에서 다루기 힘든 표와 데이터를 제공하는 '구조화 창고'

유튜브 — 제목을 질문으로 바꾸세요

챕터 제목을 단순히 '재료 소개', '조리법'이라고 적지 마세요. 사용자가 검색할 법한 질문형 FAQ으로 설정해야 AI가 답변으로 채택하는 데 유리합니다.

유튜브에 올리면 안 좋은 제목	유튜브에 올리면 좋은 제목
3분 파스타 만들기	Q. 3분 만에 파스타 만드는 가장 쉬운 방법은? (자막에는 '핵심 비법'을 요약해서 추가)

인스타그램 — 사진을 글로 묘사하세요

AI는 사진을 눈으로 보지 않고 대체 텍스트로 읽습니다. '파스타 완성 샷' 같은 무의미한 설명 대신 구체적인 맥락을 담으세요.

인스타그램의 대체 텍스트 안 좋은 예	인스타그램의 대체 텍스트 좋은 예
파스타 완성 사진	마늘과 생크림으로 맛을 낸 3분 완성 크림 파스타, 꾸덕한 소스 질감이 돋보이는 플레이팅 이미지

블로그/티스토리 — 표를 사용하세요

영상 속 레시피나 스펙 정보는 줄글보다 표가 훨씬 강력합니다. 표는 구글 AI가 가장 좋아하는 형태입니다.

구글 AI가 좋아하는 표 형태

재료	조리 시간	난이도	조리 순서
마늘, 파스타, 생크림	10분	초급(★☆☆)	① 재료 손질 → ② 면 삶기 → ③ 소스 조리

AI 시대, 채널 운영 전략은 '맞춤형'이어야 한다

AI 검색 시대에 좋은 글을 많이 쓰면 된다는 신념은 더 이상 통하지 않습니다. 중요한 것은 AI가 어디서, 어떤 방식으로 여러분이 쓴 글을 발견하느냐입니다. 국내 시장을 겨냥한다면 네이버 블로그와 네이버 카페가 여전히 강력하지만, 글로벌 노출을 원한다면 브런치·티스토리·뉴스룸 같은 개방형 채널이 필수입니다.

앞서 설명한 4가지 실무자 유형별 생존 전략을 다시 한번 간단히 정리해 봅시다.

4가지 실무자 유형별 생존 전략

유형	전략	채널
브랜드 마케터	국내와 글로벌 생태계를 동시에 공략하는 '투 트랙 전략'	• 네이버 블로그 • 브런치/티스토리 • 유튜브
전문가	EEAT 신호를 강화해서 권위를 입증하는 '전문성 전략'	• 네이버 지식iN • 브런치 • 자체 블로그
커뮤니티 운영자	로컬의 정보를 웹으로 확장하는 '개방 전략'	• 네이버 카페 • 티스토리/브런치 • 인스타그램
크리에이터	텍스트·이미지·영상을 연결하는 '멀티모달 전략'	• 유튜브(메인 무대) • 인스타그램(예고편) • 블로그/티스토리(상세 설명서)

결국 채널을 선택한다는 것은 단순히 콘텐츠를 배포하는 행위뿐 아니라 AI의 이동 경로를 예측하고 길목을 지키는 전략적 설계여야 합니다. AI는 구조화, 출처, 맥락이라는 자신만의 깐깐한 문법으로 인용 대상을 고르기 때문입니다.

이제 무작정 글의 양을 늘리는 헛수고는 멈추세요. 그 대신 올바른 채널을 선택하고, 그 채널에 최적화된 포맷을 갖춰서 AI가 가장 먼저 신뢰하는 출처로 자리 잡아야 합니다. 이것이 AIEO 시대에 브랜드와 개인이 생존하고 성장할 수 있는 유일한 지름길입니다.

03장

AI는 어떤 콘텐츠를 믿을까?
— EEAT, 토픽 권위도, 엔티티 현저성

AI는 EEAT, 곧 Experience(경험), Expertise(전문성), Authoritativeness (권위), Trustworthiness(신뢰)의 기준에 따라 콘텐츠를 선별합니다. 또한 단순한 키워드 매칭을 넘어 웹 사이트의 '토픽 권위도'와 브랜드의 '엔티티 현저성'을 평가합니다. 토픽 권위도는 시리즈 콘텐츠, 허브 페이지, 내부 링크 구조를 통해 강화하고, 엔티티 현저성은 브랜드명의 반복 노출과 일관된 정보 제공으로 향상할 수 있습니다.

그런데 AI마다 엔티티를 인식하는 방식이 다르므로 각각에 맞는 최적화 전략을 세워야 합니다. 이번 03장에서는 실제 선택받는 문장과 무시당하는 문장을 비교 분석하여 EEAT 원칙에 따라 토픽 권위도와 엔티티 현저성을 즉시 적용하는 방법을 실습으로 알아보겠습니다.

AI는 '감동적인 글'을 읽지 않고 '증명된 글'만 읽는다

블로그에 같은 주제를 다룬 게시글 2개가 있습니다. 하나는 감성을 자극하는 화려한 문체로 썼고, 다른 하나는 숫자가 가득한 보고서 형식이었습니다. 사람은 감동적인 글에 '좋아요'를 누르겠지만, AI는 어떤 쪽을 선택할까요?

버전 1(AI가 외면하는 글)	버전 2(AI가 인용하는 글)
우리 제품은 사용자 만족도가 **매우 높습니다**. 많은 고객들이 **긍정적인 반응**을 보였으며, 시장에서 **좋은 평가**를 받고 있습니다.	2024년 3월 자사 고객 120명을 대상으로 조사한 결과, 78%가 신규 기능에 만족했다고 응답했습니다(자체 설문 조사).

AI는 냉정하게도 버전 2를 선택합니다. 이유는 간단합니다. AI는 '좋다', '훌륭하다' 같은 형용사를 이해하지 못합니다. 이런 단어는 사람마다 기준이 다른 주관적인 영역이기 때문입니다. 반면에 '78%', '120명', '2024년 3월'은 AI가 선호하는 객관적인 데이터입니다.

AI는 불확실한 정보를 싫어합니다. 그래서 주관적인 표현보다 검증할 수 있는 데이터(숫자, 출처, 시점 등)를 포함한 문장을 '안전한 정보'로 분류하고 인용합니다. 이 안전함을 판단하는 4가지 기준이 바로 EEAT(경험, 전문성, 권위, 신뢰)입니다.

AI 인용의 4가지 필터, EEAT란 무엇인가?

EEAT는 본래 구글이 검색 품질을 평가하기 위해 만든 가이드라인이었지만, 지금은 모든 생성형 AI가 정보를 수집할 때 가동하는 '신뢰성 검증 필터'로 진화했습니다.

인터넷에는 거짓 정보와 광고성 글이 넘쳐납니다. AI가 이 쓰레기 더미 속에서 보석 같은 정보를 골라내려면 강력한 필터가 필요합니다. 그래서 AI는 다음 4가지 요소에 해당하는 질문을 던지며 여러분의 콘텐츠를 심사하는 것입니다. 이 4가지 핵심 질문이 바로 AI가 콘텐츠를 바라보는 관점입니다.

요소	핵심 질문	검증 포인트
Experience (경험)	직접 해봤는가?	'카더라' 통신이 아니라, 자신이 직접 겪은 구체적인 일화나 실험 결과가 있는가?
Expertise (전문성)	깊이가 있는가?	누구나 아는 상식이 아니라, 전문가처럼 설명할 수 있는 디테일과 원리가 있는가?
Authoritativeness (권위)	누가 말했는가?	이 말을 한 사람은 믿을 만한가? (공식 채널, 저자의 명성)
Trustworthiness (신뢰)	검증할 수 있는가?	출처가 투명하고 정보 제공 시점이 명확한가?

이 4가지 요소는 따로 놀지 않습니다. 직접 해본 경험(E)이 있어야 전문적인 통찰(E)이 나오고, 그것을 권위 있는 사람(A)이 말해야 하며, 모든 근거를 투명하게 공개(T)해야 AI가 비로소 '이것은 참 true이다'라고 판단합니다.

1. 경험 — 직접 해봤다는 증거를 남겨라

질문 하나 해보겠습니다. AI 시대에 가장 가치 있는 정보는 무엇일까요? 답은 바로 'AI가 생성할 수 없는 정보'입니다. AI는 이론을 요약할 수는 있어도, 제품을 직접 써보거나 현장에 가볼 수는 없기 때문이죠. 따라서 **내가 직접 겪은 구체적인 경험은 AI가 흉내 낼 수 없는 가장 인간적인 데이터이자 가장 희소성 있는 정보가 됩니다.**

AI는 감정을 읽지 못하지만 증거는 읽습니다. 단순히 좋다고 주장하는 것보다 '실제로 해보니 이렇더라'와 같은 구체적인 기록이 AI에게는 가장 강력한 신호로 작용합니다. 다음 두 문장을 비교해 보면 경험이 어떻게 인용되는 데이터로 바뀌는지 알 수 있습니다.

인용되지 않은 문장	인용된 문장
우리 서비스의 소셜미디어 마케팅은 브랜드 인지도 향상에 효과적입니다	우리 서비스는 지난 6개월간 15개 중소기업의 인스타그램 운영을 지원한 결과, 평균 팔로워 증가율 240%를 기록했습니다(2024년 하반기 자체 집계).

두 문장의 차이가 보이나요? AI는 압도적으로 오른쪽을 선택하고 인용합니다. 인용된 문장에는 AI가 신뢰할 수밖에 없는 3가지 특징이 숨어 있습니다.

① 시점, 수치, 출처 기록 제시하기

인용되지 않은 문장에서는 '효과적이다'라고 주장하지만 근거가 없습니다. 반면에 인용된 문장에서는 기간(6개월), 표본(15개 기업), 수치(240% 증가), 출처(자체 조사)를 명확히 제시합니다. AI에게 구체성은 곧 안전함입니다.

② 개인 경험을 숫자로 표현하기(데이터화)

거창한 통계가 아니어도 됩니다. 개인의 후기라도 '6개월간 매일 사용해본 결과, 고정 비용을 평균 20% 절감했습니다'처럼 구체적인 수치와 맥락을 담으면, AI는 이를 검증된 1인칭 데이터로 인식합니다.

③ 추상적인 형용사 지우기

'매우 좋은', '획기적인' 같은 형용사는 AI에게 아무런 정보가 되지 못합니다. 그 대신 실험 결과, 고객 피드백, 전후 비교 데이터 같은 경험한 증거를 문장 속에 심으세요. 이것이 AI가 여러분의 글을 선택하게 만드는 가장 확실한 방법입니다.

하면 된다! } 내 문장에 경험 추가하기

앞서 소개한 3가지 요소를 활용하여 내 문장에 경험을 추가해 봅시다.

01. 핵심 주장이 담긴 문장 고르기

최근에 작성한 콘텐츠(블로그 글, SNS 게시물 등) 중에서 가장 알리고 싶은 핵심 주장 하나를 고르세요.

> 예시　SNS 마케팅은 효과가 좋습니다.
> 　　　우리 제품은 사용자 만족도가 높습니다.

[내 원본 문장]

____

____

02. 경험 적용 — 느낌을 숫자로 번역하라

AI는 사람의 감정을 믿지 않지만 구체적인 체험 데이터는 신뢰합니다. 언제, 누구를, 얼마나 겪었는지의 정보를 숫자로 적는 순간 주관적인 느낌은 객관적인 사실로 변합니다.

> **핵심 질문:** 언제, 누구를 대상으로, 얼마나 진행했고, 어떤 구체적인 결과가 나왔나요?
>
> **빈칸 채우기:**
> ＿＿＿＿년 ＿＿＿＿개월 동안, ＿＿＿＿명(또는 ＿＿＿＿개 기업)을 대상으로 진행한 결과, ＿＿＿＿%의 성과(변화)가 있었습니다.

[수정한 문장(경험 추가)]

03. 점검

다음에 제시한 경험 적용 전후 예시를 살펴보면서 02단계에서 경험을 추가해서 문장을 제대로 수정했는지 스스로 점검해 보세요.

경험 적용 전	경험 적용 후
SNS 마케팅은 효과가 좋습니다.	2024년 2분기에 자사가 담당한 중소기업 12곳의 인스타그램 마케팅을 진행한 결과, 평균 매출 증가율 31%를 기록했습니다 (김○○ 마케팅 팀장 분석, 2024년 7월 자체 리포트).

2. 전문성 — 전문가만 아는 디테일을 담아라

여기서 잠깐, 많은 분들이 전문성과 권위를 헷갈려 합니다. 명확하게 구분해 보겠습니다. 권위 authoritativeness가 저자의 명함(박사 학위, 대기업 임원 등)이라면, 전문성 expertise은 **저자가 쓴 원고의 깊이** depth라고 할 수 있습니다. AI는 작성자가 누구인지 몰라도, 글에 담긴 용어와 논리만 보고도 '이 사람은 진짜 고수구나'라고 알아챕니다. 그래서 글에 겉핥기식 정보가 아니라, **해당 분야에 오래 몸담은 사람만이 내놓을 수 있는 디테일**을 담아야 합니다.

인용되지 않은 일반적인 설명(상식)	인용된 전문성 있는 설명(통찰)
AI 모델의 보안이 중요합니다. 해킹 위험이 있기 때문입니다.	RAG 시스템에서 외부 데이터 소스와 연결할 때 **벡터 임베딩** 과정에서 **악성 코드가 삽입될** 가능성이 있습니다. 그러므로 API를 호출할 때 **샌드박스 환경을 반드시 구축해야** 합니다.

두 예시에서 차이가 느껴지나요? 오른쪽의 인용된 설명은 전문가가 동료에게 말하듯 구체적입니다. 이 차이를 만드는 3가지 요소를 살펴보겠습니다.

① 전문 용어를 맥락에 맞게 구사하기

일반인은 RAG, 벡터 임베딩, 샌드박스 같은 용어는 쓰지 않습니다. 이런 용어를 적재적소에 사용하는 것은 AI에게 '나는 이 분야의 언어를 구사할 줄 아는 사람이다'라는 신호를 보내는 것과 같습니다(단, 무의미한 나열은 금물입니다).

② 구체적인 위험을 세세하게 설명하기

단순히 '보안이 중요하다'는 말은 하나 마나 한 소리입니다. 전문가라면 '어떤 과정(벡터 임베딩)'에서 '어떤 구체적인 위험(악성 코드)'이 발생하는지 핀셋으로 집어내듯 설명해야 합니다. AI는 아주 구체적인 정보를 선호합니다.

③ 단순 경고가 아니라 해결 방법까지 제시하기

위험하다고 경고만 하고 끝내 버리면 하수입니다. 전문성은 해결 능력에서 증명됩니다. '위험하니 조심해라'가 아니라 '샌드박스 환경을 구축하라'처럼 구체적인 기술 대안을 제시했을 때, AI는 이 글을 단순한 정보가 아니라 가치 있는 솔루션으로 판단합니다.

하면 된다! } 내 문장에 전문성 추가하기

앞서 소개한 3가지 요소를 활용하여 내 문장에 전문성을 추가해 봅시다.

01. 핵심 주장이 담긴 문장 고르기

최근에 작성한 콘텐츠(블로그 글, SNS 게시물 등) 중에서 가장 알리고 싶은 핵심 주장 하나를 고르세요.

예시 SNS 마케팅은 효과가 좋습니다.
우리 제품은 사용자 만족도가 높습니다.

[내 원본 문장]

02. 전문성 적용 — 누가 분석했는지 신원을 밝혀라

AI는 어려운 단어를 쓴다고 해서 전문가가 작성했다고 보지 않습니다.
이 내용을 분석한 사람이 누구인지 신원identity을 밝힐 때 신뢰도가 급상
승합니다. 직책, 경력, 자격, 전문 용어를 적재적소에 배치하세요.

> 핵심 질문: 이 분석이나 경험은 어떤 자격을 갖춘 사람이 수행했나요?
> 빈칸 채우기:
> 이 분석은 __________ (조직/직책) 소속 __________ (경력/자격증/전문 분야)
> 전문가가 직접 수행하고 검증했습니다.

[수정한 문장(전문성 추가)]

____

____

____

03. 점검

다음에 제시한 전문성 적용 전후 예시를 살펴보면서 02단계에서 전문성
을 추가해서 문장을 제대로 수정했는지 점검해 보세요.

전문성 적용 전	전문성 적용 후
사내 교육 프로그램은 직원 역량 향상에 도움이 됩니다.	사내 교육 프로그램은 직원 역량 향상에 도움이 됩니다. 인사팀 러닝&디벨롭먼트 파트에서 3년 간 12개 과정의 수료자 성과를 추적한 결과, 교육 이수자의 프로젝트 리더 참여율이 미이수자 대비 2.3배 높았습니다.

3. 권위 — 누가 말했는지를 증명하라

같은 내용이라도 누가 말했느냐에 따라 AI의 대우가 달라집니다. 이와 관련하여 한 기업에서 흥미로운 실험을 했습니다. 동일한 분석 보고서를 토씨 하나 바꾸지 않고 두 채널에 올렸습니다. 하나는 담당자의 개인 블로그였고, 다른 하나는 회사 공식 뉴스룸이었습니다.

결과는 극명하게 갈렸습니다. 공식 뉴스룸에 올린 글은 퍼플렉시티와 구글 AI 오버뷰에서 수차례 인용했지만, 개인 블로그에 올린 글은 다른 채널에 거의 노출되지 않았습니다. 내용은 같았지만 AI가 인식하는 도메인 권위가 달랐기 때문입니다.

▶ 도메인 권위(domain authority)는 검색 엔진이 특정 웹 사이트를 얼마나 신뢰하는지를 말하며 점수로 나타냅니다. 정부(.go.kr), 대학(.ac.kr), 대형 언론사나 기업의 공식 도메인은 도메인 권위가 매우 높습니다. AI는 도메인 권위가 높은 곳의 정보를 '검증된 사실(fact)'로 우선 채택합니다.

권위가 증명되지 않은 문장	권위가 증명된 문장
요즘 보안 트렌드는 제로 트러스트라고 합니다(작성자: 익명).	2024년 삼성SDS 보안 백서에 따르면, 글로벌 기업의 70%가 제로 트러스트 모델을 도입하고 있습니다.

왼쪽은 카더라 통신처럼 보이지만, 오른쪽은 공식 문건의 무게감이 느껴집니다. 이렇게 문장에 권위를 입히는 3가지 방법을 소개합니다.

① 저자의 경력과 전문성을 구체적으로 공개하기

글 하단에 '데이터 보안 10년 차 컨설턴트', 'OOO학 박사' 같은 프로필 한 줄을 반드시 넣으세요. AI는 텍스트를 읽을 때 저자의 약력을 스캔하여 해당 정보의 신뢰도를 계산합니다.

② 외부 협업 경험 기록하기

혼자 주장하지 말고, 권위 있는 기관과 연결된 사실을 언급하세요. '2024년 산업부 프로젝트 공동 집필', 'KAIST 공동 연구 결과'와 같은 문구는 AI에게 '이 글은 공신력 있는 기관의 검증을 거쳤다'는 강력한 신호를 보냅니다.

③ 공식 채널에 올리기

가장 확실한 방법은 글을 올리는 무대 자체를 바꾸는 것입니다. 가능하다면 개인 블로그보다 회사 뉴스룸이나 학회지, 카카오의 브런치처럼 도메인 권위가 높은 채널에 원본을 게재하세요. 내 글의 권위도가 낮다면, 플랫폼의 권위를 빌리는 것이 가장 빠른 전략입니다.

하면 된다! } 내 문장에 권위 추가하기

앞서 소개한 3가지 방법을 활용하여 내 문장에 권위를 추가해 봅시다.

01. 핵심 주장이 담긴 문장 고르기

최근에 작성한 콘텐츠(블로그 글, SNS 게시물 등) 중에서 가장 알리고 싶은 핵심 주장 하나를 고르세요.

> 예시　SNS 마케팅은 효과가 좋습니다.
> 우리 제품은 사용자 만족도가 높습니다.

[내 원본 문장]

02. 권위 적용 — 거인의 어깨를 빌려라

AI는 '무엇을 말했는가'보다 '누가 보증했는가'를 더 중요하게 봅니다.
내 주장에 힘을 싣고 싶다면, AI가 이미 알고 있는 공신력 있는 기관이나
협회의 이름을 빌려 오세요.

핵심 질문: 내 주장을 뒷받침할 공신력 있는 기관, 협회, 보고서가 있나요?

빈칸 채우기:

근거 자료는 _________ (기관명)의 _________(보고서명: ____년 ____월)입니다.

이는 _________ (기관명) 발표 기준 업계 평균 _________ %를 상회하는 수치
입니다.

[수정한 문장(권위 추가)]

03. 점검

다음에 제시한 권위 적용 전후 예시를 살펴보면서 02단계에서 권위를
추가해서 문장을 제대로 수정했는지 점검해 보세요.

권위 적용 전 예시	권위 적용 후 예시
AI를 활용하면 콘텐츠 제작 속도가 빨라집니다.	AI를 활용하면 콘텐츠 제작 속도가 빨라집니다. **맥킨지(McKinsey)에서 발표한**「The Economic Potential of Generative AI(2023)」보고서에 **따르면,** 생성형 AI를 도입하면 콘텐츠 생산성을 **최대 40%까지 개선**할 수 있습니다.

4. 신뢰 — 출처를 투명하게 밝혀라

앞서 설명한 경험, 전문성, 권위가 아무리 높아도 투명성(출처, 시점 등)
이 확보되지 않으면 AI는 인용을 망설입니다. AI에게 신뢰란 곧 위험 관
리 risk management를 뜻합니다. AI는 수많은 정보를 동시에 참고하는데, 근
거가 불명확한 정보를 인용했다가 틀린 답을 내놓으면 그 책임은 고스
란히 AI(알고리즘)가 져야 하기 때문입니다. AI는 책임지기 싫어합니다.
그래서 검증할 수 있는 verifiable 안전한 정보만 골라 담습니다.

신뢰성이 낮은 문장(모호함)	신뢰성이 높은 문장(투명함)
최근 AI 사용이 급증하고 있다.	연합뉴스 보도(2025. 01.)에 따르면, 국내 생성형 AI 앱 사용 시간이 1년 만에 8배 증가했습니다.

왼쪽 문장만으로는 언제, 어디에서, 어떤 기준으로, 얼마나 늘었는지 알 수 없어서 AI는 위험한 문장으로 여깁니다. 반면에 오른쪽 문장은 출처와 수치가 명확해서 AI가 안심하고 가져갈 수 있는 안전한 문장입니다. 이 차이를 만드는 3가지 요소를 살펴보겠습니다.

① 출처를 구체적으로 명시하기

카더라 통신은 금물입니다. 단순히 '뉴스에서 봤는데'가 아니라 '연합뉴스 보도'처럼 기관명을 콕 집어 언급해야 합니다. AI는 이 출처가 실재하는지 교차 검증cross-check을 수행한 뒤 신뢰도를 부여합니다.

② 비교 기준 제시하기

단순히 '급증했다'는 말은 주관적입니다. '1년 만에', '전년 대비' 같은 비교 기준base line과 '8배'와 같은 수치를 함께 적어야 AI는 이를 사실fact로 받아들입니다.

③ 시점 고정하기

'최근', '요즘', '작년' 같은 상대적 시간 표현은 피하세요. AI는 기술적으로 시간의 흐름을 인지하지 못하기 때문에, '최근'이 10년 전인지 어제인지 헷갈려 합니다. '2025년 1월'처럼 절대적인 시간을 박아 두어야 정보의 유효 기간을 인정받습니다.

하면 된다! } 내 문장에 신뢰 추가하기

앞서 소개한 3가지 요소를 활용하여 내 문장에 신뢰를 추가해 봅시다.

01. 핵심 주장이 담긴 문장 고르기

최근에 작성한 콘텐츠(블로그 글, SNS 게시물 등) 중에서 가장 알리고 싶은 핵심 주장 하나를 고르세요.

예시   SNS 마케팅은 효과가 좋습니다.
　　　우리 제품은 사용자 만족도가 높습니다.

[내 원본 문장]

____

____

02. 신뢰 적용 — 출처를 첨부하라

AI에게 신뢰란 곧 검증 가능성을 뜻합니다. 언제, 어떻게 조사했는지 투명하게 밝히세요. 출처와 조사 방식, 시점이 명확할수록 AI는 이 문장을 오류hallucination 없는 안전한 정보로 분류합니다.

핵심 질문: 이 수치가 사실이라는 점을 어떻게 보여 줄 수 있나요?(조사 방법)
빈칸 채우기:
이 수치는 ________(조사 방법 예: 이메일 설문, 자체 집계) 방식으로 산출했으며, ________(조사 기관 예: 외부 기관명 또는 자체 조사)의 검증을 거쳤습니다.

[수정한 문장(신뢰 추가)]

03. 점검

다음에 제시한 신뢰 적용 전후 예시를 살펴보면서 02단계에서 신뢰를
추가해서 문장을 제대로 수정했는지 점검해 보세요.

신뢰 적용 전	신뢰 적용 후
우리 제품은 사용자 만족도가 높습니다.	우리 제품은 사용자 만족도가 높습니다. 이 결과는 실제 이용 고객을 대상으로 한 이메일 설문조사(n=1,238)로 수집했으며, 설문 데이터는 외부 리서치 플랫폼(서베이몽키)에서 중복 응답을 제거한 뒤 집계했습니다.

최종 비교 및 적용 — EEAT 적용 전후의 차이

EEAT를 적용하기 전과 후가 확연하게 차이 나는 것을 발견했나요? 아
직 감이 잘 안 잡힌다면, 앞에서 실습한 예시 4개를 정리했으니 다시 한
번 비교해 보세요. 그리고 내 콘텐츠에 알맞게 변용해 보세요.

항목	EEAT 약함	EEAT 강함
경험 (E)	SNS 마케팅은 효과가 좋습니다.	2024년 2분기에 자사가 담당한 중소기업 12곳의 인스타그램 마케팅을 진행한 결과, 평균 매출 증가율 31%를 기록했습니다(김○○ 마케팅 팀장 분석, 2024년 7월 자체 리포트).
전문성 (E)	사내 교육 프로그램은 직원 역량 향상에 도움이 됩니다.	사내 교육 프로그램은 직원 역량 향상에 도움이 됩니다. 인사팀 러닝&디벨롭먼트 파트에서 3년간 12개 과정의 수료자 성과를 추적한 결과, 교육 이수자의 프로젝트 리더 참여율이 미이수자 대비 2.3배 높았습니다.
권위 (A)	AI를 활용하면 콘텐츠 제작 속도가 빨라집니다.	AI를 활용하면 콘텐츠 제작 속도가 빨라집니다. 맥킨지(McKinsey)에서 발표한 「The Economic Potential of Generative AI(2023)」 보고서에 따르면, 생성형 AI를 도입하면 콘텐츠 생산성을 최대 40%까지 개선할 수 있습니다.
신뢰 (T)	우리 제품은 사용자 만족도가 높습니다.	우리 제품은 사용자 만족도가 높습니다. 이 결과는 실제 이용 고객을 대상으로 한 이메일 설문조사(n=1,238)로 수집했으며, 설문 데이터는 외부 리서치 플랫폼(서베이몽키)에서 중복 응답을 제거한 뒤 집계했습니다.

EEAT는 서로 맞물려 돌아가는 톱니바퀴다

경험Experience은 날것의 데이터를 제공하지만 전문성Expertise이 더해져야 비로소 의미 있는 통찰이 됩니다. 아무리 뛰어난 통찰도 권위Authoritativeness 있는 화자가 말하지 않으면 주장에 불과하고, 신뢰Trustworthiness할 수 있는 투명한 출처로 뒷받침하지 않으면 AI는 검증 불가 판정을 내립니다.

기억하세요. 경험(E), 전문성(E), 권위(A), 신뢰(T)는 결코 따로 작동하지 않습니다. 이 4가지는 서로가 서로를 증명해 주는 신뢰의 사슬입니다. EEAT가 완벽하게 맞물릴 때 AI는 비로소 '이 콘텐츠는 안전하고, 가치 있으며, 인용할 만하다'고 최종 판단을 내립니다.

결국 **EEAT는** 단순한 검색 엔진 최적화와 관련된 팁이 아닙니다. **AI라는 거대한 지성체와 소통할 수 있는 가장 기본적이고 필수적인 문법입니다.** EEAT를 잘 반영했는지 확인할 때에는 다음 체크리스트를 참고해 보세요.

EEAT 반영 체크리스트

항목	질문	체크 (∨)
Experience(경험)	기간, 대상, 수치 등 구체적인 증거가 있는가?	
Expertise(전문성)	분석한 사람의 배경(직무/경력)이 드러났는가?	
Authoritativeness(권위)	외부 기관, 협회, 매체 등 객관적인 출처를 인용했는가?	
Trustworthiness(신뢰)	조사 시점과 방식을 투명하게 공개했는가?	

문장이 바뀌면 신뢰가 쌓이고, 신뢰가 쌓이면 비로소 AI가 움직입니다. AI 시대의 글쓰기는 단순한 작문이 아니라 안심하고 인용할 수 있는 정보 블록을 조립하는 공학engineering입니다.

경험에서 나온 데이터, 전문가의 통찰, 권위를 증명하는 출처, 투명하게 공개된 신뢰라는 4가지 부품이 완벽하게 조립될 때, 여러분의 문장은 AI가 가장 먼저 선택하는 정답이 됩니다.

EEAT만으로는 아직 부족하다?

03-1절에서 배운 EEAT는 분명 강력한 무기입니다. 하지만 이것만으로는 AI의 선택을 받기에 2% 부족합니다. 왜냐하면 EEAT는 '이 글 한 편을 얼마나 잘 썼는가'를 평가하는 미시적 기준이기 때문입니다.

하지만 AI는 더 큰 그림을 봅니다. 글 하나가 아니라 '이 사이트(저자)가 이 분야를 얼마나 오랫동안, 꾸준히, 깊이 있게 다뤄 왔는가'를 평가합니다. 이것이 바로 토픽 권위도topic authority입니다.

한 마케팅 전문가가 '디지털 마케팅 ROI'라는 동일한 주제로 흥미로운 실험을 했습니다. 그는 웹 사이트 2개를 운영했습니다.

▶ ROI(Return on Investment)란 투자 수익률로, 투자 대비 얼마나 많은 수익을 얻었는지 나타내는 재무 지표입니다.

A 사이트(잡화점)	B 사이트(전문점)
맛집 리뷰, 여행기, 그리고 마케팅 글이 뒤섞여 있는 '잡동사니 블로그'	오직 '디지털 마케팅' 하나만 파고드는 '전문 블로그'

글의 퀄리티는 비슷했지만 6개월 뒤 결과는 극명했습니다. 챗GPT와 퍼플렉시티는 B 사이트의 글을 10배 이상 더 많이 인용했습니다.

이것이 바로 **토픽 권위도**의 힘입니다. AI는 백화점식 나열보다 한 우물
만 파는 전문점을 더 선호합니다.

AI의 시선을 이해하기 위해 EEAT와 토픽 권위도를 비교해 봅시다.

EEAT와 토픽 권위도의 비교표

구분	EEAT	토픽 권위도
질문	'이 콘텐츠는 **경험·전문성·근거·신뢰** 신호가 충분한가?'	'이 사이트/저자는 이 토픽을 **오래·깊게·체계적으로** 다뤄왔는가?'
평가 단위	개별 콘텐츠의 품질 평가	사이트/저자의 일관성, 전문성 평가
관점	• 증거의 질 • 출처, 데이터, 사례, 책임 주체, 업데이트, 저자 정보	• 축적의 구조 • 핵심 주제, 허브 페이지, 시리즈, 내부 링크
비유	대표곡이 확실한 아티스트	한 장르에서 꾸준히 명반을 쌓아온 아티스트

토픽 권위도를 높이는 4가지 실전 전략

토픽 권위도는 하루아침에 생기지 않습니다. AI는 여러분의 사이트가
반짝 뜬 이슈를 쫓는 뜨내기인지, 한 우물만 파는 장인인지 **깊이·연결
성·일관성**을 두고 장기간 관찰합니다.

AI에게 '이 분야는 여기가 진짜다'라고 인정받는 4가지 건축법을 소개
합니다.

① 주제에 집중하기 — 잡화점이 아니라 전문점을 열어라

잡화점식 나열은 AI에게 매력적이지 않습니다. '맛집도 하고, 여행도 하

고, 육아도 합니다'라고 하면, AI는 당신을 '잡블로거'로 분류합니다. **핵심 주제**core topic 하나를 정하고, 그 하위 주제들을 집요하게 파고들어야 합니다.

② 허브 페이지 설계하기 — 지식의 컨트롤 타워를 세워라

쇼핑몰의 '기획전 페이지'처럼, 특정 주제의 글들을 **한곳에 모아서 보여 주는 허브 페이지**pillar page가 필요합니다. 이 페이지는 AI에게 차례 역할을 합니다. 흩어진 글들을 하나로 묶어 주는 글을 작성해야 합니다.

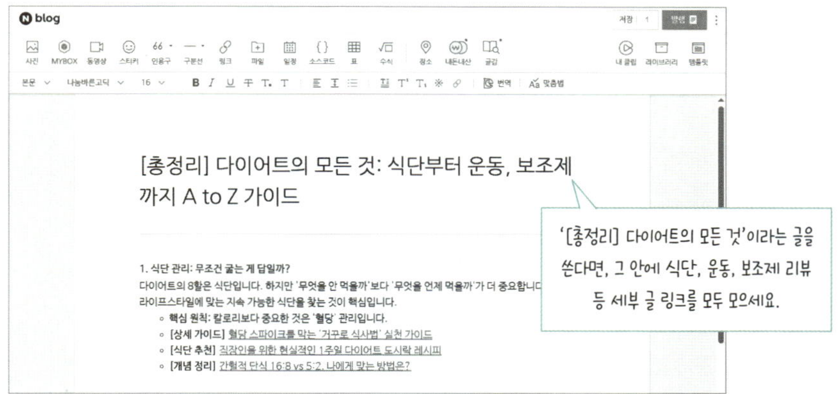

③ 연속성 살리기 — 단막극 말고 시리즈를 찍어라

단편적인 글 하나로는 권위를 세울 수 없습니다. 하나의 대주제를 다양한 각도(시장 분석, 사례, 가이드, 데이터)에서 쪼개어 **시리즈로 연재**하세요. AI는 꼬리에 꼬리를 무는 연재물에서 깊이를 느낍니다.

예시 유튜브 마케팅 (X)
유튜브 마케팅 A to Z: ① 기획 편 → ② 촬영 편 → ③ 편집 편 → ④ 분석 편 (O)

④ 내부 링크로 네트워크 만들기 — 빠져나갈 수 없도록 거미줄을 쳐라

글과 글 사이를 하이퍼링크^{hyperlink}로 촘촘히 연결하세요. A글을 읽다가 자연스럽게 B글로 넘어가도록 설계하면, AI 로봇은 그 다리를 타고 사이트 구석구석을 돌아다니며 정보를 수집합니다. 링크가 촘촘할수록 사이트의 결속력은 단단해지고 권위 점수는 높아집니다. 글을 마칠 때 '함께 읽으면 좋은 글'로 관련 포스팅 2~3개를 반드시 링크로 연결하세요.

하면 된다! } 블로그에 허브 페이지 설계하기

허브 페이지는 단순히 글을 모아 놓은 목록이 아닙니다. AI와 독자 모두에게 '이 주제는 여기서 시작하면 된다'라고 알려 주는 출발점이자 기준점입니다. 검색 결과에 흩어져 있던 조각난 글들을 하나의 구조로 묶어 전문성의 지도를 완성하는 작업이라고 보면 됩니다. AI가 여러분의 콘텐츠를 수집할 때, 개별 글이 아니라 하나의 체계로 인식하게 만드는 것이 중요합니다.

01. 핵심 주제 선택

먼저 지금부터 집중할 주제 1개를 고릅니다. 중요한 기준은 '내가 계속해서 이야기할 수 있는가'입니다. 범위는 넓지만 방향은 분명한 주제가 좋습니다. 범위가 너무 좁으면 글이 금방 고갈되고, 반대로 너무 넓으면 AI가 정체성을 파악하지 못합니다.

예시   B2B 세일즈 파이프라인
퇴사 준비 재테크
스타트업 채용 브랜딩

'나는 이 분야를 계속 파고들 사람이다'라는 신호를 AI에게 선언하는 것과 같습니다.

[핵심 주제]

____

____

02. 기존 글 인벤토리 정리

이제 이미 써둔 글들을 꺼내 볼 차례입니다. 블로그, 뉴스레터, 노션, 브런치 등 채널은 달라도 괜찮습니다. 선택한 주제와 **직접 또는 간접적으로 연결되는 글 5~10개**를 목록으로 만드세요.

이 작업의 핵심은 완벽한 글만 고르기가 아닙니다. 지금 기준에서 다소 미완성한 것처럼 보이는 글도 괜찮습니다. 중요한 것은 **이미 이 주제에 대해 축적된 흔적이 있다는 사실**을 구조로 보여 주는 것입니다.

03. 허브 페이지 제목 정하기

허브 페이지의 제목은 **AI와 독자 모두에게 주는 간판**입니다. 그러므로 '이 페이지가 무엇을 책임지는지' 한눈에 드러나야 합니다. 이 제목은 앞으로 해당 주제에서 **가장 많이 인용되길 기대하는 대표 문서**의 이름이 됩니다. 범위를 명확히 해서 초보자도 어디까지 다루는지 예측할 수 있는 제목이 좋습니다.

예시　[총정리] B2B 세일즈 파이프라인 구축에 관한 모든 것
　　　　[가이드] 인재가 먼저 찾아오는 '스타트업 채용 브랜딩' 구축 A to Z

> [선정한 허브 페이지 제목]
>
> ____
>
> ____

04. 허브 페이지 뼈대 만들기 1 — 서론 작성

이제 페이지의 구조를 설계합니다. 허브 페이지는 글이기 이전에 **목차가 있는 안내서**입니다. 이때 **서론은 반드시 작성**하는 것을 추천합니다. 서론에는 이 페이지가 왜 만들어졌는지, 끝까지 읽으면 무엇을 얻을 수 있는지를 3~4줄로 분명히 설명합니다.

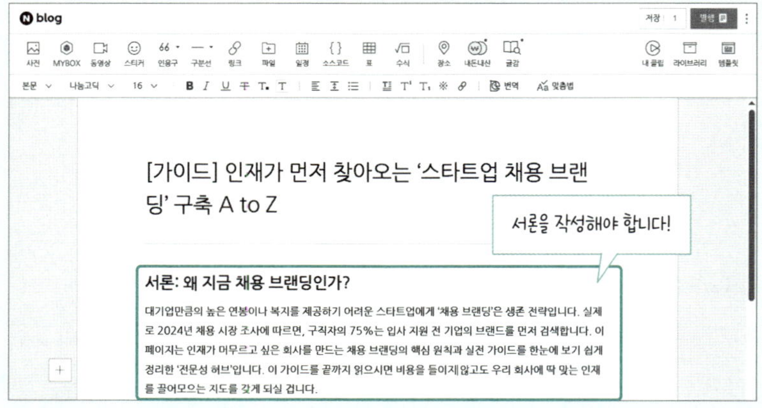

05. 허브 페이지 뼈대 만들기 2 — 본론 채우기

각 섹션 아래에, 앞서 정리해 둔 기존 글들을 2~3개씩 연결합니다. 중요한 포인트는 링크의 개수가 아니라 맥락입니다.

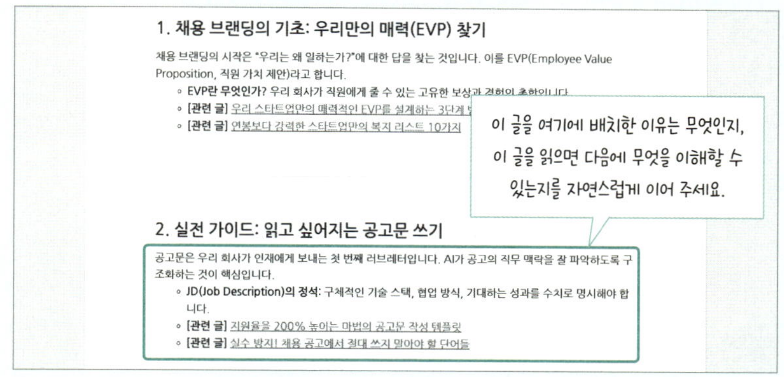

06. 그리고 가장 중요한 습관 하나를 꼭 기억하세요. 새 글이 생길 때마다 이 허브 페이지에 링크를 반드시 추가해야 합니다.

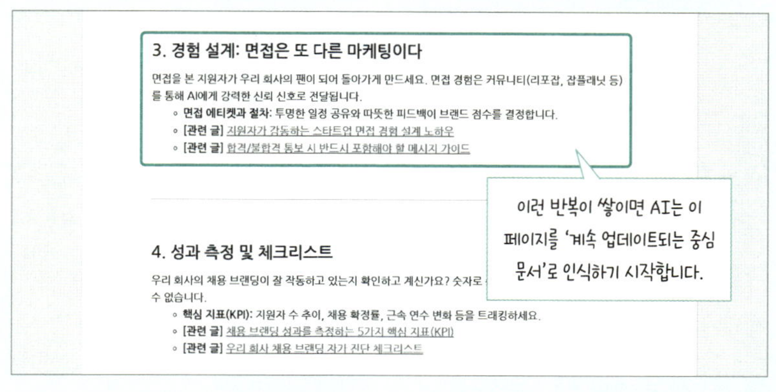

이 과정을 모두 마치고 나면, AI 입장에서 '이 주제는 어디서부터 읽어야 하는가?'라는 질문에 망설이지 않고 가리킬 수 있는 **대표 페이지 1개가** 완성됩니다. 이 한 페이지가 생기는 순간부터 개별 글들은 더 이상 흩어진 콘텐츠가 아니라, **하나의 토픽 권위를 지탱하는 구성 요소**로 작동하기 시작합니다.

이어서 이번엔 링크드인에서 뉴스레터 시리즈로 토픽 권위도를 높이는 방법을 알아보겠습니다.

하면 된다! } 링크드인에 뉴스레터 시리즈 만들기

링크드인은 단발성 인사이트보다 **지속적으로 축적되는 관점**을 더 높이 평가합니다. AI 역시 마찬가지입니다. 단 한 편의 글은 우연한 인용에 그칠 수 있지만, **연결된 연재물**은 여러분을 이 주제를 꾸준히 다루는 사람으로 분류합니다.

01. 주제 정하기

먼저 한 번으로 끝내기 아까운 **큰 주제 하나**를 고릅니다. 핵심 기준은 '앞으로도 계속 이야기할 수 있는가'입니다. **변화 과정이나 누적 경험**이 자연스럽게 이어지는 주제가 적합합니다. 예를 들어 다음 주제를 고려해 볼 수 있습니다.

예시   AI 도입으로 바뀌는 PR 실무
        첫 B2B 고객 10곳 만드는 법

'나는 이 주제를 단발성 의견이 아니라, 연속된 관점으로 다루겠다'고 선언하는 것과 같습니다.

[선정한 핵심 주제]

02. 에피소드를 4~6개로 쪼개기

다음으로, 이 주제를 한 번에 설명하려 하지 말고 에피소드 단위로 분해합니다. AI는 정리된 흐름을 좋아하고, 독자는 다음 편을 예측할 수 있는 구조에서 신뢰를 느낍니다.

예를 들어 다음 순서로 구성하는 예시를 고려해 볼 수 있습니다. 이렇게 구성하면 개념 → 현실 → 실행 → 정리라는 자연스러운 학습 곡선을 만들어 줍니다.

예시
왜 지금 이 주제인가?
현장에서 실제로 겪은 실패 사례
실무자가 바로 써볼 수 있는 체크리스트
툴·템플릿·예시 소개
자주 받는 질문과 오해 바로잡기

[쪼갠 에피소드 목록]

03. 링크드인 로그인 후 글쓰기 준비

링크드인에 익숙하지 않은 분을 위해 상세히 설명해 보겠습니다. 링크드인에 로그인한 후 홈 화면에서 [글쓰기]를 클릭합니다.

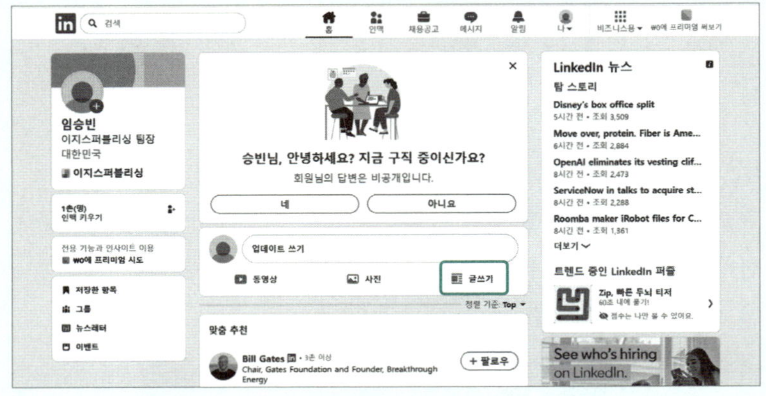

04. 글쓰기 화면의 오른쪽 위에서 [❶ 관리 → ❷ 뉴스레터 만들기]를 클릭합니다.

05. 뉴스레터 제목과 설명 입력

뉴스레터 만들기 창이 뜹니다. [뉴스레터 제목]과 [뉴스레터 설명]에 앞서
작성한 뉴스레터 주제를 구체화하여 입력합니다.

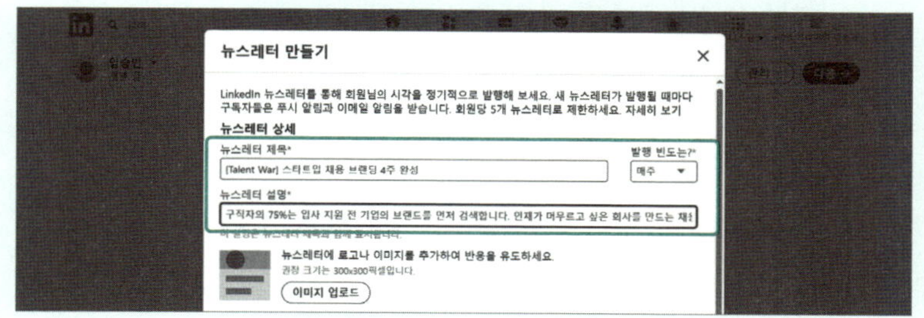

06. 뉴스레터의 표지를 완성했습니다. 이제 본문을 채워야 합니다. [새 에디션 만들기]를 클릭합니다.

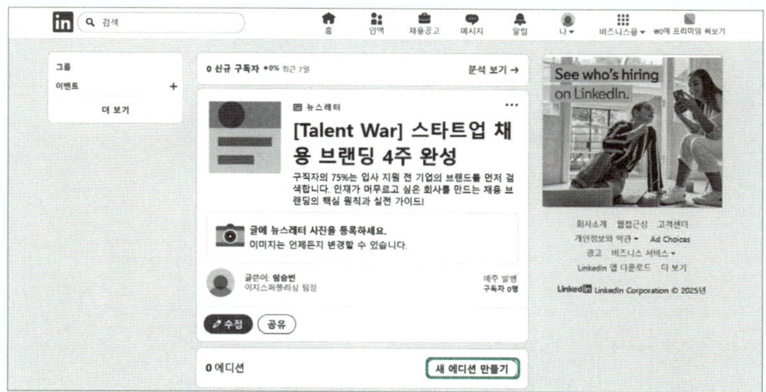

07. 시리즈 제목 정하기

시리즈의 제목은 콘텐츠의 얼굴이자 AI가 인식하는 묶음 단위입니다. 회차마다 형식과 리듬을 유지해야 하는데요. 공통된 시리즈명, 회차 번호, 회차별 핵심 질문이라는 이 세 요소가 반복되면, AI는 이 게시물들을 서로 연관된 하나의 시리즈로 인식하기 시작합니다.

예시　AI PR 시리즈 #1 - 왜 보도자료가 먼저 바뀌어야 할까
　　　AI PR 시리즈 #2 - 기자보다 AI가 먼저 읽는 시대

[시리즈 제목]

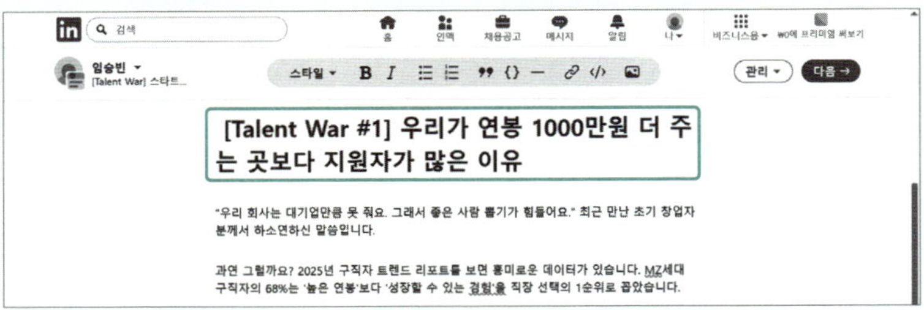

08. 첫 회 업로드하고 내부 링크 설계

시리즈에서 첫 번째 글은 다음 편을 전제로 작성해야 합니다. 본문 말미에 다음과 같은 연결 장치를 넣어 보세요.

다음 편에서는 ○○을 다룹니다

#2편에서 이어서 설명합니다

전체 시리즈는 여기에서 확인할 수 있습니다

이렇게 앞뒤 편을 서로 연결하면, 독자는 자연스럽게 다음 글을 기다릴 것이고, AI는 이 계정을 **연속된 정보 흐름이 있는 출처**로 인식합니다.

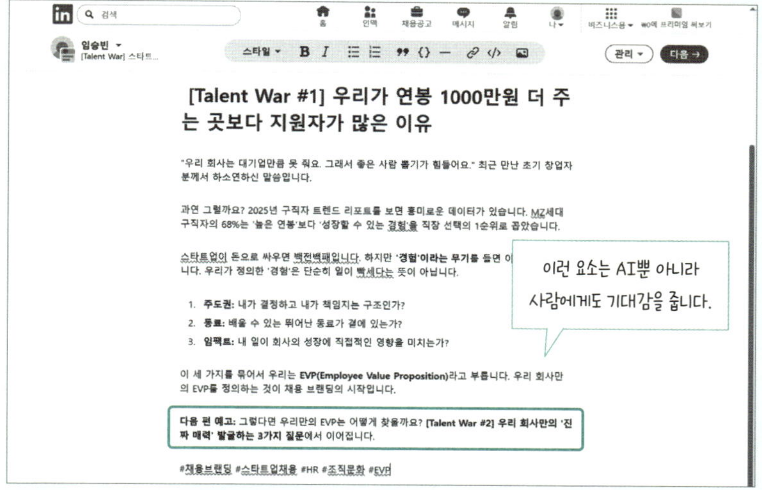

09. 업로드 일정 정하기

연재의 성패는 내용만큼이나 **리듬**에 달렸습니다. 예를 들어 '일주일에 1편, 평일 오전 9시'처럼 **독자가 예측할 수 있는 일정**을 정하세요. 이런 반복은 독자에게는 '이 사람은 꾸준하다'는 신뢰를, AI에게는 '이 계정은 지속적으로 업데이트된다'는 신호를 줍니다.

05단계의 뉴스레터 만들기 창으로 다시 돌아가서, 화면 오른쪽에 있는 **[발행 빈도는?]**에서 발행 일정을 선택합니다.

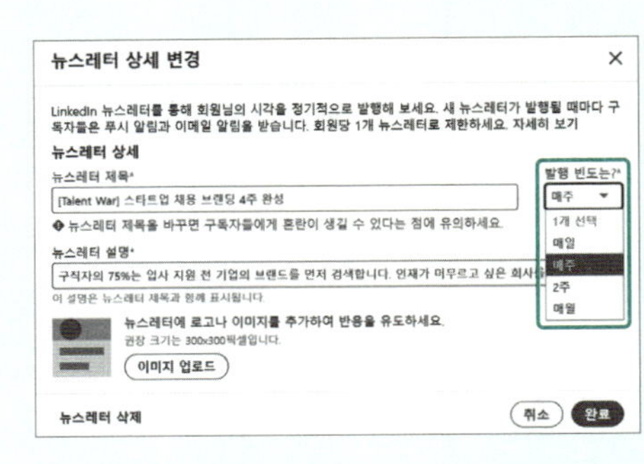

AI와 독자 모두에게 '이 사람의 말은 한 번 듣고 끝낼 게 아니라 계속 들어 볼 가치가 있다'는 **신뢰 자산**이 쌓이는 순간입니다. 연재는 조회수를 쫓는 전략이라기보다 **토픽 권위를 축적하는 가장 인간적인 방식**입니다.

AI별 토픽 권위도를 평가하는 방식 — AI는 입맛이 다 달라요

'토픽 권위도를 쌓으라고 하는데, 도대체 누구 기준에 맞춰야 합니까?' 정답은 '당신이 공략하고 싶은 AI에 따라 다르다'입니다. AI 모델마다 '연결된 전문 자료'를 인식하는 알고리즘, 즉 취향이 다르기 때문입니다. 챗GPT, 퍼플렉시티, 구글 AI가 각각 어떤 스타일의 '권위'를 선호하는지, 그들의 채점 기준표를 공개합니다.

플랫폼	선호하는 허브 구조	전략적 시사점	유형별 적용 팁
챗GPT	거미줄 구조 (내부 링크 네트워크)	'링크는 곧 전문성이다' 문서 간 연결이 촘촘할수록 신뢰가 올라감	[B2B 전문가형] 자사 웹 사이트 글들을 서로 꼬리에 꼬리를 물게 하고, 핵심 개념, 정의, FAQ가 반복 등장하도록 설계하라!
퍼플렉시티	전집 구조 (브런치 북/연재)	'시리즈는 곧 깊이다' 같은 주제가 한 묶음으로 축적되어 있으면 권위있고 판단	[개인 전문가형] 단편 글 말고 주제별 시리즈를 발행하고, 각 편의 첫 문단에 핵심 답(정의+수치/근거)을 고정하라!
구글 AI	설계도 구조 (FAQ, 표, 리스트)	'구조는 곧 정답이다' 정리된 형식을 우선 평가, 빠르게 요약·재구성하기 좋은 문서 선호	[공공기관/기업형] 허브 페이지 하단에 FAQ 섹션을 추가하고, 표·리스트로 핵심 기준과 수치를 규격화하라!
네이버 AI	경험 축적 구조 (블로그/카페/지식형 콘텐츠의 다중 축적)	'한국어 실사용 맥락 + 반복 검증' 여러 게시물에서 유사 결론이 반복되는지와 사례의 구체성이 신뢰 신호로 작동하기 쉬움	[국내 수요/로컬 시장형] 공식 정보(홈페이지/보도자료)를 기반으로, 후기, 활용 사례, 비교 글을 블로그형 문서로 여러 편을 축적하라!

점을 찍지 말고 선을 이어 면으로 만들어라!

토픽 권위도의 교훈은 명확합니다. AI는 어쩌다 잘 쓴 글 하나(점)를 선택하지 않습니다. AI는 **특정 주제에 대해 체계적이고 지속적으로 목소리를 내온 연결된 출처(선과 면)를 선택합니다.**

오늘부터 실무자가 매일 던져야 할 질문을 바꾸십시오.

토픽 권위도를 축적하는 과정은 벽돌을 한 장씩 쌓는 것처럼 지루할 수 있습니다. 하지만 일단 벽돌이 쌓여 거대한 성이 되면, 그 어떤 경쟁자도 넘볼 수 없는 AI 시대에 가장 강력한 경쟁력을 갖추게 됩니다.

오늘 쓴 글 한 편은 중요하지 않을 수도 있습니다. 그러나 그 글이 내일 토픽 허브의 일부로 자리 잡는다면, AI는 여러분을 이 주제의 대표자로 선택할 것입니다.

👍 알아 두면 좋아요 토픽 권위도를 구축하는 3계명

토픽 권위도를 구축할 때에는 다음 3가지를 주의해야 합니다.

❶ 한 주제만 다룬다(집중): 욕심내서 여러 주제를 건드리지 마세요. AI의 인식이 분산됩니다.

❷ 같은 말을 쓴다(일관성): 같은 개념은 동일한 용어를 반복해서 사용해야 AI가 연결성을 인식합니다.

❸ 시간을 믿는다(축적): 최소 3~6개월은 꾸준히 쌓아야 합니다. 한 번 권위가 구축되면 AI 인용률이 쉽게 떨어지지 않습니다.

 엔티티 현저성 — 이름을 반복해서 노출하기

'우리 회사'라고 쓰면 AI에게는 투명 인간이 된다

IT 기업인 A사와 B사에서 같은 제품을 시장에 내놓았습니다. 제품 소개 글의 품질도 비슷했습니다. 그런데 3개월쯤 지났을 때 AI의 대우는 하늘과 땅 차이였습니다. A사는 AI의 답변에서 거의 언급되지 않은 반면, B사는 챗GPT와 퍼플렉시티에 7배나 더 자주 인용되었습니다. 무엇이 이런 차이를 만들었을까요? 비밀은 이름 부르기에 있었습니다.

A사(인용에 약함)	B사(인용에 강함)
우리 회사는 혁신적인 솔루션을 제공합니다. 이 기술은 업계 최고 수준이며…'	TechFlow는 혁신적인 AI 솔루션을 제공합니다. TechFlow의 딥러닝 기술은 업계 최고 수준이며, TechFlow(주)가 개발한 특허 알고리즘을…

A사는 겸손하게 '우리 회사', '이 기술'이라고 썼지만 AI는 '우리 회사'가 누구인지, '이 기술'이란 무엇인지 알 길이 없습니다. 반면에 B사는 문장마다 브랜드 이름인 TechFlow를 박아 넣었습니다. 이것이 바로 엔티티 현저성entity salience의 힘입니다.

엔티티 현저성은 텍스트 안에서 특정 브랜드나 인물이 얼마나 뚜렷한 존재감을 뽐내는지를 뜻하며 점수로 나타냅니다. 복잡하게 생각할 필요 없습니다. 수많은 글자 속에서 AI가 헷갈리지 않도록 '이 글의 주인공은 바로 나야!'라고 손을 번쩍 드는 것과 같습니다.

사람은 눈치가 빠릅니다. 문맥상 '우리 회사가…'라고만 써도 그게 누군지 찰떡같이 알아듣습니다. 하지만 AI는 다릅니다. AI에게 '그것', '이 제품', '당사' 같은 대명사는 주인을 알 수 없는 뿌연 안개^{noise}일 뿐입니다.

AI가 반복을 좋아하는 이유는?

AI는 텍스트를 읽을 때 단순히 내용을 이해하지 않고 패턴을 분석합니다. AI에게 브랜드를 반복하는 것은 흩어진 정보의 점들을 이어 하나의 그림을 완성하는 과정입니다.

브랜드명을 3단계에 걸쳐 글의 도입-중간-결론 위치에 전략적으로 배치하면, AI의 인식 회로는 다음과 같이 작동합니다.

> **도입**('TechFlow는…') → '아, 이 글은 TechFlow에 대한 이야기구나.'(신호 감지)
> **중간**('TechFlow의 기술은…') → '이 기술의 주인이 바로 TechFlow가 맞구나.'(연결 강화)
> **결론**('TechFlow가 개발한…') → '확실하군. 이 글의 핵심 주인공(entity)은 TechFlow다.' (확신 및 저장)

하지만 '우리 회사', '이 제품'처럼 모호한 대명사 표현만 쓰면 어떻게 될까요? AI는 주어를 찾지 못해 길을 잃습니다. '누가 했는지는 모르겠지만, 아무튼 좋은 제품이다' 정도로 처리하고 기억 저장소^{index}에 브랜드를 등록하지 않고 정보를 모두 날려 버립니다.

한 화장품 회사의 사례를 볼까요? 과거 이 회사의 제품 소개 페이지는 겸손했습니다. 늘 '저희 제품은…', '이 크림은…'이라고 적혀 있었죠. AI에게 이 브랜드는 이름 없는 유령이나 다름없었습니다.

그래서 이 회사에서는 전략을 바꿨습니다. 대명사를 모두 지우고 브랜드 이름을 집요하게 노출했습니다.

A사(인용에 약함)	B사(인용에 강함)
저희가 개발한 천연 크림은….	뷰티랩(BeautyLab) 연구소가 개발한 뷰티랩 시카 크림은….

단순히 회사 이름만 넣은 것이 아닙니다. 기능, 연구 성과, 조직 활동 등 핵심 **맥락마다 '뷰티랩'이라는 이름표를 붙였습니다.**

6개월 후, 어떤 변화가 일어났을까요? 사용자가 챗GPT에게 '천연 화장품 브랜드 추천해 줘'라고 질문했을 때, 뷰티랩은 검색 결과 상위 3위 안에 랭크되기 시작했습니다. 브랜드명을 반복해서 불러 준 덕분에 AI가 '이 분야의 확실한 주인공 entity 은 뷰티랩이다'라는 확신을 갖게 된 것입니다.

엔티티 현저성을 높이는 4대 실전 법칙

어떻게 하면 AI에게 내 브랜드 이름을 확실하게 각인시킬 수 있을까요? 다음 4가지 법칙을 글쓰기 습관으로 만드세요. AI는 여러분이 입력한 신호만큼만 기억합니다.

① 브랜드명 반복 ─ 숨기지 말고 드러내라

겸손은 미덕이 아닙니다. AI에게는 반복이 곧 중요도입니다. 글의 도입부, 본문(중간), 결론에 각각 **최소 1회 이상 브랜드명을 콕 집어 명시**하세요. 이 3단 노출이 AI에게 강력한 인지 신호를 보냅니다.

② 대명사 지양 ─ '우리'를 버려라

'우리 회사', '이 제품', '그것'은 AIEO의 적입니다. 사람에게는 자연스럽지만 AI에게는 정보 값이 없는 빈 껍데기입니다. 조금 어색하더라도 '삼성전자는…', '갤럭시 S24는…'처럼 고유 명사를 직접 밝혀서 쓰는 습관을 들이세요.

③ 맥락 연결 ─ 이름에 '키워드'를 붙여라

AI는 고유명사를 그대로 외우지 않습니다. 그 대신 **이름 + 역할 + 쓰임**이 함께 등장할 때 그 개념을 하나의 지식 노드로 저장합니다. 이름만 반복하면 광고처럼 보이지만, 맥락을 붙여 반복하면 설명이 되고, 설명은 인용 대상이 됩니다.

인용되지 않는 문장(단순 반복)	인용되는 문장(브랜드 + 기능 + 맥락 연결)
TechFlow는 좋습니다.	TechFlow의 AI 자동화 솔루션은 반복 업무를 줄이는 데 최적화되어 있습니다.

④ 표기 일관성 ─ 한 가지 이름만 써라

AI를 헷갈리게 하지 마세요. 'TechFlow', '테크플로', 'TF'를 섞어서 쓰면 AI는 서로 다른 3개의 회사로 인식합니다. 한글이면 한글만으로, 영문이면 영문만으로 공식 표기법 하나를 정해서 뚝심 있게 밀고 나가세요.

 **알아 두면 좋아요** 그럼 토픽 권위도와 엔티티 현저성은 같은 개념인가요?

AIEO 전략의 완성은 분야와 이름을 함께 각인시키는 것입니다. 토픽 권위도와 엔티티 현저성이 함께 작동할 때 AI는 여러분의 콘텐츠를 전문가의 공식 정보로 인식합니다. 구조가 여러분을 보이게 했다면, 이름은 여러분을 기억하게 합니다.

- **토픽 권위도**는 AI에게 여러분의 분야를 기억시키는 전략
- **엔티티 현저성**은 AI에게 여러분의 이름을 기억시키는 전략

하면 된다! } 내 글에 이름표 확실하게 붙이기

AI가 브랜드를 기억하는 방식은 사람과 다릅니다. 사람은 한번만 들어도 눈치껏 기억하지만, AI는 반복해서 명확하게 드러난 이름만 중요한 신호로 인식합니다.

따라서 브랜드명을 언제, 어떻게, 얼마나 노출하는지가 AI 인용의 성패를 좌우합니다. 이번 실습은 여러분의 브랜드를 AI가 해당 분야의 대표 주인공main entity으로 인식하게 만드는 첫걸음입니다.

01. 브랜드명 표기 가이드 확정

AI는 표기가 조금만 달라도 다른 브랜드로 착각합니다. 예를 들어 '메시지하우스', '메시지 하우스', 'Message House'를 섞어서 사용하면 AI는 이를 각각 다른 3개의 회사로 인식해 점수를 분산시킵니다.

특히 팀 업무일 경우에는 AI가 혼란스러워하지 않도록 **상황별 공식 표기법**(가이드라인)을 미리 정해서 팀원 전체와 공유하세요.

[브랜드명 표기 가이드]

국문 정식 명칭 _________________________________ 예 삼성전자

줄임말 _________________________________ 예 삼성

영문 표기 _________________________________ 예 Samsung Electronics

보도자료용 표기 _________________________________ 예 삼성전자(주)

02. 브랜드명을 '3단 반복' 전략에 적용

브랜드명을 한두 번 언급하고 끝내지 마세요. AI는 금방 잊어버립니다. 글의 흐름에 맞춰서 브랜드명을 최소 5회 이상 자연스럽게 반복하는 위치 선정 전략을 사용해야 합니다.

[문단별 브랜드명 배치 가이드]
① **도입부(1회 이상)**: 첫 문장이나 두 번째 문장에 브랜드명을 주어로 명시
　　예 [브랜드명]은 이번에 새로운 기능을 출시했습니다.
② **본문 중간(2회 이상)**: 데이터, 사례, 인용 출처를 밝힐 때 브랜드명 명시
　　예 [브랜드명] 연구소의 실험 결과에 따르면… / [브랜드명]의 기능은…

03. 엔티티 현저성 최종 체크리스트

글을 발행하기 전에 마지막으로 다음 체크리스트를 확인하세요.

점검 항목	질문	체크 (V)
빈도	한 콘텐츠 안에 브랜드명을 **최소 5회 이상** 자연스럽게 반복했는가?	
일관성	국문/영문 표기를 가이드라인에 맞춰 **일관되게** 적용했는가? (대명사 사용 자제)	
위치	제목, 첫 문장, 데이터 출처, FAQ 등 **핵심 섹션**에 브랜드명이 드러나 있는가?	
점검	매월 AI에게 **동일한 질문**을 던져서 노출 여부를 모니터링하고 있는가?	

👍 **알아 두면 좋아요** '이름이 똑같은 회사가 있어요!' 동명이인 브랜드 생존법

브랜드 이름이 흔하거나 유명 기업명과 같다면 AI는 혼란스러워합니다. 예를 들어 '피닉스'에 대해 알려 줘'라고 요청했을 때 미국 애리조나주의 도시인 피닉스인지, 신화 속 불사조인지, 우리 회사 이름인지 AI는 구별하지 못하기 때문입니다. 이럴 때는 AI가 헷갈리지 않도록 우리만의 고유한 꼬리표identifier를 달아 줘야 합니다.

1. 국내 편: 이름 앞에 수식어를 붙여라

브랜드명 앞뒤에 지역, 업종, 설립 연도 같은 구분자를 붙여서 고유명사처럼 만드세요. AI는 '피닉스'와 '피닉스코리아'를 완전히 다른 엔티티(개체)로 인식합니다.

[Before] 피닉스

[After] 글로벌 물류 기업 피닉스코리아

2. 글로벌 편: 영어 이름 충돌을 피하라

해외 시장에 진출할 때는 한글 이름을 그대로 로마자로 바꾸기만 하면 낭패를 볼 수 있습니다. 이미 그 이름을 쓰는 현지 기업이 있을 확률이 높기 때문입니다.

[실패 사례]

국내 기업 '게임랩'은 미국에 진출할 때 한글명 그대로 로마자로만 바꿔서 'GameLab'을 썼다가 동명의 미국 기존 기업 정보에 묻혀 버렸습니다.

[성공 전략]

이후 브랜드명을 'GameLab Korea'로 변경하고 모든 영문 보도자료와 웹 사이트 등에 통일해서 사용했습니다. 그제야 챗GPT와 구글은 이 회사를 '한국에서 온 독자적인 게임 솔루션 기업'으로 인식하고 별도로 인용하기 시작했습니다.

하면 된다! } 현저성 점검 루틴 만들기

실행만큼 중요한 것이 측정입니다. 브랜드를 열심히 노출시켰다면, AI가 실제로 내 이름을 기억하고 있는지 매월 시험을 쳐봐야 합니다.

단순히 '검색해서 나오더라' 식의 감에 의존하지 마세요. 체중계에 올라가서 몸무게를 재듯, 정확한 숫자로 기록하는 '월간 AI 현저성 점검 기록표'를 만들면 내 채널의 현저성을 지속적으로 점검하고 확인할 수 있습니다.

01. 고정 질문 설계

매달 AI에 다른 질문을 던지면 내 채널의 성장을 측정할 수 없습니다. 브랜드가 선점하고 싶은 핵심 키워드를 포함해서 다음과 같이 고정 질문 benchmark question 3개를 확정하세요.

[고정 질문 설계 가이드]
① **범용적인 질문**: 사람들이 우리 브랜드를 찾을 때 검색할 만한 키워드로 입력
   ⓔ 국내 [업종] 추천해 줘 / 국내 협업 툴을 추천해 줘
② **기능적인 질문**: 우리 브랜드의 장점(기능)을 키워드로 입력
   ⓔ [기능]이 가장 좋은 솔루션은 뭐야? / 화상 회의에 사용할 좋은 툴은?
③ **타깃**: 우리 브랜드가 노출되었으면 하는 타깃(대상)을 키워드로 입력
   ⓔ [타깃]에게 인기 있는 브랜드는? / 스타트업에서 쓰기 좋은 협업 툴은?

[설계한 고정 질문]

1. ______________________________________

2. ______________________________________

3. ______________________________________

02. 매월 마지막 주에 테스트 수행

매월 마지막 주 금요일에 테스트 실시 알람을 맞춰 두세요. 챗GPT, 퍼플렉시티, 구글 AI 오버뷰, 네이버에 접속한 후 바로 앞에서 정한 질문을 똑같이 입력합니다.

이때 기존 대화 기록의 영향을 받지 않도록 반드시 새 대화 창이나 웹 브라우저의 시크릿 모드를 켜고 검색하세요.

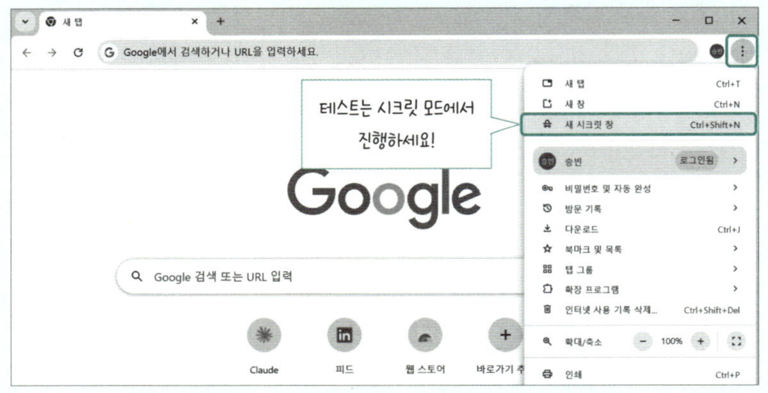

03. 현저성 점검 기록표 작성

결과를 눈으로만 확인하지 말고 엑셀이나 스프레드시트에 기록하세요.
단순히 O/X만 표시하지 말고 순위와 맥락까지 적는 것을 추천합니다.

현저성 점검 기록표 예시

점검일	엔진	질문 유형	언급 여부 (O/X)	순위 (랭크)	함께 언급한 키워드 (맥락)
1/31	챗GPT	범용	O	3위	가성비, 스타트업, 심플함
1/31	구글	범용	X	-	(경쟁사 A, B만 언급됨)
1/31	퍼플렉 시티	기능	O	1위	[1]번 출처로 브런치 글 인용

[해석 1]

브랜드명은 언급했지만 순위가 낮다면? — 언급 빈도를 높이자!

아쉽지만 절반의 성공입니다. AI가 브랜드를 인지하고는 있지만, '대표 선수'로는 확신하지 못한 상태입니다. 문장 속에서 브랜드명의 노출 빈도가 너무 낮지 않은지 점검하세요. 본문의 시작과 끝, 그리고 핵심 문장에 브랜드 이름을 의도적으로 반복해서 심어 주면 AI의 확신 지수가 올라갑니다.

▶ 03-3절을 복습하면서 엔티티 현저성을 높이는 방안을 고민해 보세요!

[해석 2]

브랜드명이 특정 AI에만 나오지 않는다면? — AI가 좋아하는 포맷을 제공하자!

챗GPT에는 나오는데 구글에는 안 나온다면, 내용이 아니라 '그릇'의 문제입니다. 해당 엔진이 정보를 편식하고 있을 가능성이 큽니다. 줄글로 된 내용을 구글이 좋아하는 '표'나 '목록' 형태로 바꿔보세요. 입맛에 맞는 그릇에 담아 주는 순간, AI는 여러분의 콘텐츠를 기꺼이 집어 들 것입니다.

▶ 02-2절을 복습하면서 각 AI가 선호하는 데이터 포맷을 파악해 보세요!

AI가 기억하는 문장은 따로 있다

엔티티 현저성은 결국 'AI가 브랜드를 어떻게 기억하게 만들 것인가'에 대한 전략입니다. 다음 예시에서 흐릿했던 문장이 어떻게 선명한 엔티티로 바뀌는지 확인해 보세요.

인용되지 않는 문장(대명사)	인용되는 문장(고유명사)
'우리 회사는 이번에 신제품을 출시했습니다. 이 제품에 적용된 기술은…'	'테크솔루션 A사는 이번에 신제품을 출시했습니다. 테크솔루션 A사의 연구팀이 개발한 기술은…'

결론은 명확합니다. AI는 다. 브랜드명을 반복해서, 투명하게, 그리고 일관되게 드러내는 습관이야말로 AI 검색 시대에 내 콘텐츠가 이름 없는 정보로 사라지지 않고 살아남는 가장 확실한 방법입니다.

04장

AI 시대의 문장 엔지니어링

사람에게 감동을 주는 글이 AI에게는 **읽을 수 없는 암호**가 될 수 있습니다. '열정과 땀방울' 같은 감성적 서술은 사람의 마음을 움직이지만, AI는 이를 정보 값이 없는 노이즈로 처리하고 버립니다. 반면 '3개월간 전환율 25% 개선'과 같은 구조적 서술은 AI가 즉시 인용하지만, 사람에게는 딱딱하고 지루하게 느껴질 수 있습니다.

이 딜레마의 해법은 바로 **이중 글쓰기**dual writing입니다. AI가 좋아하는 데이터와 구조, 그리고 사람이 좋아하는 스토리와 맥락을 하나의 글 안에 녹여 내는 기술입니다. 또한 AI가 문서를 통째로 읽지 않고 블록 단위로 쪼개어 이해한다는 **청크**chunk의 원리를 활용하면, 내 문장을 AI가 가장 인용하기 좋은 형태로 설계할 수 있습니다.

04-1 이중 글쓰기
— AI가 인용하고 사람이 끝까지 읽는 문장

어느 날 방문자가 300% 폭증한 블로거 A씨의 비밀

IT 리뷰 블로거 A씨는 자신의 구글 애널리틱스 Google Analytics 4, GA4 대시보드를 보고 깜짝 놀랐습니다. 월 방문자가 3,000명에서 9,000명으로 단 한 달 만에 3배나 뛴 것입니다. 더 놀라운 것은 유입 경로였습니다. 네이버나 구글 검색이 아니라 출처를 알 수 없는 다이렉트 direct 트래픽이 폭증했던 것입니다.

정답은 챗GPT였습니다. 누군가 챗GPT에 '2025년 가성비 노트북 추천해 줘'라고 묻자, 챗GPT가 A씨의 글을 1순위 답변으로 인용하며 링크를 달아 준 것입니다. 덕분에 제휴 수익은 월 50만 원에서 180만 원으로 3.6배 증가했습니다. A씨는 어리둥절했습니다. '내가 뭘 다르게 썼지?' 비밀은 하나였습니다. A씨 자신도 모르게 이중 글쓰기 dual writing를 해왔던 것입니다. 그는 AI가 읽기 좋은 구조와 사람이 읽기 좋은 맥락을 동시에 갖춘 글을 썼던 것입니다.

독자가 둘로 늘었다 — 인간과 AI

불과 몇 년 전까지만 해도 글쓰기의 독자는 오직 인간뿐이었습니다. 그래서 글을 쓸 때에도 인간의 눈길을 끄는 제목과 감성을 자극하는 내용만 있으면 충분했습니다. 하지만 이제 세상이 바뀌었습니다. 글을 읽는 독자가 인간과 AI로 재편되었습니다.

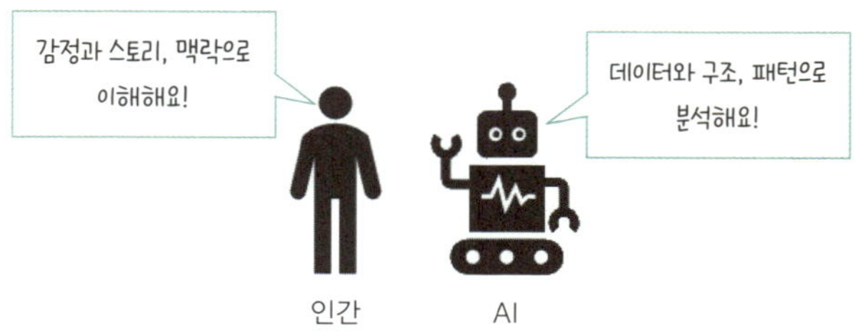

같은 문장이라도 둘은 전혀 다르게 받아들입니다. 예를 들어 '우리 팀의 땀방울이 만든 기적'이라는 문장을 보고 사람은 감동하지만, AI는 근거 없음null으로 처리하고 버립니다. 반대로 '3개월간 15회 테스트, 25% 효율 개선'이라는 문장은 AI에게는 1급 정보지만, 사람에게는 딱딱한 보고서일 뿐입니다.

이제 우리는 두 마리 토끼를 동시에 잡아야 합니다. AI가 정보를 가져가게 하면서도 인간 독자가 끝까지 읽게 만드는 기술, 이것이 바로 이중 글쓰기입니다.

쉽게 말해, 이중 글쓰기란 AI가 선택할 수 있도록 설계design하고 인간이 읽고 싶어지도록 표현express하는 하이브리드 작문법을 뜻합니다. 앞에서 소개한 블로거 A씨가 성공한 이유도 바로 이 원리를 무의식적으로 따랐기 때문입니다.

AI가 무시한 문장	AI가 1순위로 인용한 문장
2025년 최고의 노트북을 추천합니다. 다양한 제품을 비교해 봤는데, 각각 장단점이 있어요. 여러분의 니즈에 맞는 제품을 선택하시면 됩니다.	델 XPS 15는 영상 편집에 최적화되어 있으며, 4K 렌더링 속도가 맥북 프로 M2 대비 23% **빠릅니다** (Pugetbench 기준, 2024. 08). 특히 영상 편집자들은 '마감 시간이 **평균 12분 단축**되어 칼퇴근이 가능해졌다'고 호평했습니다.

왼쪽 문장은 사람에겐 친절하지만 AI에게는 그저 근거 없는 정보입니다. 반면에 오른쪽 문장은 AI와 사람, 두 독자를 동시에 만족시키는 구조를 갖추고 있습니다.

1. **AI의 시선**: AI는 감정이 아니라 구조를 봅니다.

  - **설계 요소**: 제품명(델 XPS 15), 비교 수치(23% 빠름), 출처(Pugetbench)
  - **판단**: "신뢰할 수 있는 데이터군! 구체적이고 검증된 정보니까 바로 인용하자!"

2. **사람의 시선**: 사람은 데이터 너머의 맥락을 봅니다.

  - **표현 요소**: '영상 편집자', '시간 단축', '칼퇴근'
  - **판단**: "내 문제를 해결해 주겠군! 완전 내 이야기네. 나에게 필요한 혜택이 있어!"

이렇듯 이중 글쓰기의 핵심은 AI용 신호signal와 인간용 공감empathy을 한 문장 안에 비빔밥처럼 섞어 내는 것입니다. AI는 이 문장을 데이터로 수집해 가고, 인간은 이 문장에서 인사이트를 얻습니다. 한 문장 안에 두 세계를 동시에 설계하는 것, 그것이 오늘날 우리가 지향해야 할 글쓰기의 새로운 표준입니다.

이중 글쓰기의 3원칙 — AI 설계, 인간 표현 그리고 균형

이중 글쓰기를 내 것으로 만들려면 3가지 원칙을 기억해야 합니다.

[원칙 1] AI를 위한 설계(design)
[원칙 2] 인간을 위한 표현(expression)
[원칙 3] 둘 사이의 균형(balance)

이 3가지 원칙이 여러분의 콘텐츠를 AI가 선택하고 인간이 사랑하는 브랜드 글쓰기로 진화시키는 핵심 공식입니다.

원칙 1 AI를 위한 설계 — 숫자로 뼈대를 세워라

AI는 문학보다 수학을 좋아합니다. 화려한 미사여구는 AI에게 장식일 뿐입니다. 문장 속에 구조 structure, 수치 numbers, 검증 verification이라는 3가지 뼈대를 단단히 세워야 합니다.

AI가 인용하지 않는 추상적인 문장	AI가 인용하는 구체적인 문장
우리 회사의 고객 만족도는 높습니다. → AI 인식: '근거 없음(Null). 신뢰도 낮음.'	Z사는 고객 만족도 94.7%, NPS 지수 73점을 기록했습니다(2024년 고객 설문조사 기준). → AI 인식: 수치(94.7%)와 출처(2024년 설문조사)가 확인됨. 신뢰 데이터로 분류

구체적인 예를 들어 보겠습니다. 단순히 빠르다고 하지 말고 수치를 구체적으로 나타내세요.

AI가 검증할 수 없는 문장	AI가 좋아하는 문장
우리 회사의 고객 만족도는 높습니다.	Z사는 고객 만족도 94.7%, NPS 지수 73점을 기록했습니다(2024년 고객 설문조사 기준).
우리 솔루션은 업무를 빠르게 처리합니다.	우리 솔루션은 수동 데이터 입력 시간을 주당 평균 8.5시간 단축합니다.

이처럼 AI는 문장 안에서 **구조화(주어-행동-결과-출처), 수치화(정량적 근거), 검증 가능성(출처·날짜·기관명)**이라는 3가지 신호를 인식해서 신뢰성을 판단합니다. 이것이 바로 AI에게 읽히는 문장의 최소 요건입니다.

원칙 2) 인간을 위한 표현 — 스토리로 살을 입혀라

뼈대만 있으면 앙상해서 사람이 읽기 힘듭니다. 아무리 AI가 인용하더라도 인간이 읽지 않으면 그 문장은 생명을 잃습니다. 인간 독자는 데이터를 보면서도 여전히 **감정적 공감과 실용적 가치**를 찾기 때문입니다.

❶ **가독성**readability: 'Z사는 3개월 만에 인건비 3,200만 원을 절감했습니다.' 처럼 핵심 메시지를 짧고 명확하게 던져야 합니다.

❷ **스토리텔링**storytelling: '매일 퇴근이 늦어지던 김 대리님도 이제 칼퇴근을 시작했습니다.' 처럼 구체적인 상황과 인물을 담으면 독자는 자연스럽게 몰입합니다.

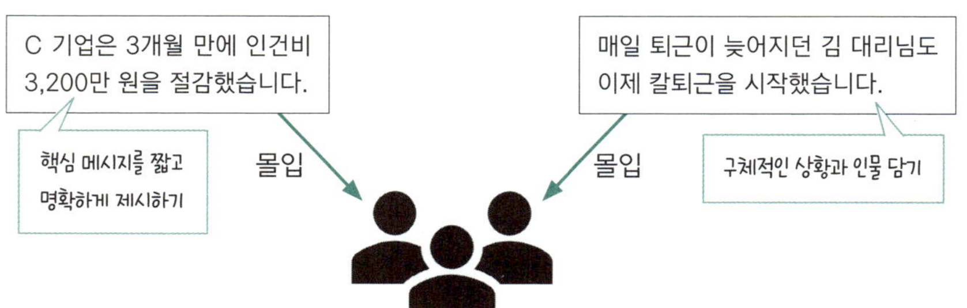

인간 독자에게는 '우리 제품은 훌륭한 기능이 많습니다.'보다 '지금 막 창업한 당신의 시간을 10배 절약해 줄 단 하나의 도구입니다.'라는 문장이 훨씬 강하게 다가옵니다. 가독성, 스토리, 감정이라는 세 요소가 연결될 때 인간 독자는 그 문장을 남의 애기가 아닌 자신의 이야기로 받아들입니다.

인간 독자도 신뢰하지 않는 문장	인간 독자가 좋아할 문장
우리 제품은 훌륭한 기능이 많습니다.	지금 막 창업한 당신의 시간을 10배 절약해 줄 단 하나의 도구입니다.

원칙3 균형 — AI와 인간을 동시에 만족시키는 하이브리드

이중 글쓰기의 마지막 원칙은 섞어서 쓰는 것입니다. AI만 의식하면 글이 딱딱한 설계 명세서가 되고, 인간만 의식하면 AI가 읽지 못하는 수필이 됩니다.

❶ **AI를 위한 설계**: '우리 솔루션은 처리 시간을 42% 줄입니다(내부 데이터, 2025. 04.).' → 근거는 있지만 인간이 관심 갖는 '왜 중요한가'가 빠져 있습니다.

❷ **인간을 위한 표현**: '퇴근이 빨라졌다는 후기가 많아요. 삶의 질이 달라집니다.' → 공감하는 내용이지만 AI가 인용할 만한 '객관적인 근거'가 없습니다.

이 2가지 조건을 하나로 합쳐서 AI와 인간을 동시에 만족시키는 하이브리드 문장을 만들어야 합니다.

Z사 HR 솔루션은 급여 처리 시간을 42% 단축했습니다(내부 집계, 2025. 04). 창업 1~3년 차 중소기업 인사 담당자는 월말 야근을 평균 6시간 줄였습니다. '급여 마감일에 밤 11시까지 붙잡혀 일했는데 이제는 오후 5시 전에 끝난다'는 피드백이 이어집니다.

수정한 문장에는 AI가 가져갈 검증된 수치(42%, 6시간)와 인간이 공감할 후기(밤 11시 → 오후 5시)가 공존합니다. 요약하면, 구조화된 정보(AI용 뼈대)에 감정적 서술(인간용 살)을 입혀 조화를 이루는 것, 이것이 바로 우리가 말하는 이중 글쓰기의 완성입니다.

👍 알아 두면 좋아요 문장의 배치 순서는 상관 없나요?

한 문단 안에 AI를 위한 글(팩트, 정의)과 인간을 위한 글(예시, 감정)이 섞여 있어도 AI는 문맥을 잘 파악합니다. 다만 답변의 정확도와 노출 경쟁력을 강조하고 싶다면, **핵심 키워드가 담긴 문장을 문단 맨 처음에 배치**하세요.

AI는 긴 글을 처리할 때 앞부분과 뒷부분의 정보에 더 집중하는 경향이 있고, 검색 엔진은 첫 1~2문장을 해당 문단의 **대표 문장**으로 분류하기 때문입니다. 결론부터 던지고 설명을 덧붙이는 습관, 즉 **두괄식 글쓰기는 AI가 가장 좋아하는 구조입니다.**

하면 된다! } 이중 글쓰기 문장 작성 연습하기

이중 글쓰기의 출발점은 언제나 한 문장입니다. AI가 인용할지 결정하는 것도, 인간 독자가 '오, 이 문장 좋다' 하고 멈춰 서는 것도 모두 첫 문장의 한 줄에서 시작합니다.

이번 실습에서는 평범한 문장 하나가 AI와 인간을 동시에 설득하는 문장으로 업그레이드되는 과정을 알아보겠습니다.

01. 문장 선택

먼저 실습할 문장을 하나 고르세요. 블로그, 링크드인, 보도자료, 제안서 등 어디에 써도 좋습니다. 이번 실습에서는 첫 번째 예시 문장을 선택해서 진행하겠습니다. 여러분만의 문장을 선택하고 직접 써보며 실습해 보세요.

예시   우리 서비스는 업무 효율을 크게 높여 줍니다. 이 전략은 많은 기업에 도움이 됩니다.

[내 실습 문장]

____

____

02. 수치로 뼈대 세우기 — AI가 좋아하는 글로 바꾸기

이제 문장에 뼈대를 세울 차례입니다. AI는 감정보다 구조와 수치를 먼저 봅니다. 형용사를 걷어 내고 숫자·기간·기준을 넣어 주세요. 이 단계까지만 진행해도 AI는 이미 이 문장을 후보 데이터로 분류하기 시작합니다.

> **[AI가 좋아하는 문장 가이드]**
> ① **성과**: 구체적인 수치로 증명된 결과값을 입력
>   예 인건비 3,200만 원 절감, 처리 시간 42% 단축, NPS 지수 73점 기록
> ② **기준**: 성과를 측정한 시점이나 비교 대상을 입력
>   예 2025년 4월 기준, 전년 동기 대비, 3개월간 15회 테스트 결과
> ③ **검증 가능 정보**: 데이터의 출처나 조사 기관을 명확히 입력
>   예 (내부 데이터), (2024년 고객 설문조사), (한국생산성본부 조사)

01단계에서 선택한 예시 문장으로 오른쪽과 같이 뼈대를 세웁니다.

Before(일반 문장)	After(뼈대 추가)
우리 서비스는 업무 효율을 높여 줍니다.	우리 서비스는 반복 업무 처리 시간을 평균 32% 단축했습니다(3개월간 내부 테스트 기준).

01단계에서 작성한 '내 실습 문장'에 위 After 예시를 참고해서 수치로 뼈대를 세워 AI가 좋아하는 문장으로 바꿔 봅시다.

[AI가 좋아하는 것으로 보강한 문장]

03. 스토리로 문장에 살 입히기 — 인간이 멈춰 서게 만들기

이제 인간 독자를 위해 문장을 수정할 차례입니다. 수치를 사용하면 신뢰를 주지만 읽게 만들지는 않습니다. 인간이 내 문장 앞에 멈춰 서게 만들려면 수치를 제공한 후 '이 수치가 누구에게 어떤 의미가 있는지' 스토리를 만들어서 추가해야 합니다.

[인간이 좋아하는 문장 가이드]

① **대상**: 내 이야기에 공감할 수 있는 구체적인 인물이나 상황을 입력

　㉠ 매일 퇴근이 늦어지던 김 대리님, 스타트업 영업팀, 창업 1~3년 차 대표님

② **변화**: 문제를 해결하기 전과 후의 달라진 모습을 입력

　㉠ 밤 11시 퇴근이 오후 5시로, 단순 반복 업무에서 해방되어, 야근이 줄고…

③ **감정적 혜택**: 기능적인 이득을 넘어 사용자가 느낄 만족감을 입력

　㉠ 예 저녁 있는 삶을 선물했습니다. 이제 마음 편히 쉴 수 있습니다.

02단계에서 수정한 예시 문장에 오른쪽과 같이 스토리를 보강합니다.

Before(수치만 있음)	After(스토리 추가)
우리 서비스는 반복 업무 처리 시간을 평균 32% 단축했습니다 (3개월간 내부 테스트 기준).	우리 서비스는 반복 업무 처리 시간을 평균 32% 단축했습니다(3개월간 내부 테스트 기준). 그 덕분에 인사팀 담당자는 월말마다 밤 10시까지 남아 하던 업무를 이제는 퇴근 전에 마칠 수 있게 되었습니다.

02단계에서 내가 수치로 뼈대를 세운 문장에 위 After 예시를 참고해서 스토리를 보강하여 인간이 좋아하는 문장으로 바꿔 봅시다.

[인간이 좋아하는 것으로 보강한 문장]

04. 균형 맞추기 — AI용 신호 + 인간용 공감을 한 문장에!

이제 마지막 단계입니다. 이중 글쓰기에서 가장 중요한 순간이죠. 숫자만 있으면 사람이 읽지 않는 보고서가 되고, 스토리만 있으면 AI가 무시하는 에세이가 됩니다. 둘을 한 문장 안에서 동시에 만족시켜야 합니다.

[균형 잡힌 문장 공식]

성과(수치) + 기준(출처/기간) + 대상(누구에게) + 변화(무엇이 달라졌는가)

[이중 글쓰기로 완성한 예시 문장]

우리 서비스는 반복 업무 처리 시간을 평균 32% 단축했습니다(3개월간 내부 테스트 기준).

특히 인력 여유가 없던 스타트업 인사팀에서는 월말 야근이 줄고, 핵심 인재 관리에 더 집중할 수 있게 되었다는 평가가 나왔습니다.

03단계에서 이중 글쓰기로 완성한 예시를 참고해서 AI가 신뢰하고 인간이 좋아하는 문장으로 바꿔 봅시다.

[이중 글쓰기를 적용한 균형 잡힌 문장]

05. 체크리스트 — AI와 인간 모두에게 합격했는가?

마지막으로 채널에 글을 올리기 전에 다음 질문을 읽고 스스로 체크해 보세요. 5개 항목 중에서 4개 이상 체크했다면 이미 이중 글쓰기의 3원칙을 지킨 문장입니다.

문장 단위 이중 글쓰기 체크리스트

항목	체크(V)
문장 안에 구체적인 수치가 있는가?	
수치의 기준(기간·출처·측정 방식)이 보이는가?	
이 변화가 누구에게 의미 있었는지 드러나는가?	
인간 독자가 '그래서 좋네' 라고 느낄 혜택이 있는가?	
수치와 감정 중에서 한쪽으로만 치우치지 않았는가?	

이번 실습을 하루에 한 문장씩만 반복해서 숙달해 보세요. 여러분의 글은 서서히 달라질 것입니다. 이중 글쓰기를 능숙하게 배우면, AI에게는 가져가도 되는 문장이 되고, 사람에게는 저장하고 싶은 문장이 됩니다. 이것이 이중 글쓰기의 힘이며, 앞으로 콘텐츠 경쟁력을 가르는 문장 단위의 차이입니다.

이중 글쓰기의 문단 구성 4단계 — 문장을 조립하는 공식

이중 글쓰기의 개념은 이해했는데 막상 보도자료 한 단락, 블로그 본문 첫 문단을 쓰려니 손이 멈추는 순간이 많습니다. PR 담당 실무자나 마케터라면 특히 그럴 것입니다. 숫자를 넣자니 글이 딱딱해질 것 같고, 스토리를 쓰자니 AI가 안 읽을 것 같고, 결국 그냥 익숙한 방식대로 문단을 적어 내려가게 됩니다.

하지만 이중 글쓰기를 반영한 문단 구성에는 복잡한 작문 실력이 필요하지 않습니다. AI에게는 신뢰를 주고, 인간에게는 공감을 주는 문단은 일정한 공식을 따릅니다. 이 공식을 그대로 조립하면 됩니다. 여기에서 소개하는 4단계 공식은 AI가 정보를 읽고 추출하는 논리적인 순서이자, 인간을 설득하는 감정의 흐름과도 정확히 맞물립니다.

1단계 핵심 주장 — 결론부터 던져라

한 문단에서 첫 문장은 항상 결론을 제시해야 합니다. AI는 문단의 첫머리에서 이 문단의 주제를 분류하고, 성격이 급한 인간 독자는 첫 문장을 보고 더 읽을지 결정하기 때문입니다. '무엇이 개선되었는가?', '어떤 성과를 냈는가?'를 잘 드러내 주세요. 또한 서론을 길게 쓰지 말고, 무엇을 달성했는지 주어와 서술어로 명확히 작성하세요.

첫 문장을 읽는 순간, AI는 '이 문단은 ○○ 성과에 대한 이야기'라고 태그를 붙이고, 사람은 '아, 이 단락은 성과 얘기구나'라는 기대감을 갖습니다.

[2단계] 근거 수치 — 숫자로 증명하라

주장 바로 뒤에는 반드시 증거가 따라야 합니다. AI가 가장 신뢰하는 증거는 형용사가 아니라 숫자와 출처입니다. '변화의 폭은 정확히 얼마인가?', '기준 시점은 언제인가?'를 덧붙여 주세요. 예를 들어 '많이 줄었다'라는 표현은 AI 입장에서 근거가 없는 의견입니다. '68% 줄었다(내부 데이터, 2025. 02.)'와 같이 구체적인 수치와 출처가 있어야 사실로 받아들입니다.

AI에게 출처가 없는 숫자는 의견이고, 출처가 붙은 숫자는 지식입니다. AIEO 관점에서도 이 구분이 매우 중요합니다.

[3단계] 대상/맥락 — 주인공을 등장시켜라

이제 시선을 데이터에서 사람에게로 돌릴 차례입니다. 앞에서 제시한 수치가 누구에게, 어떤 상황에서 의미가 있는지 밝혀 줘야 합니다.

'스타트업 영업팀', '3년 차 개발자', '소규모 병원 원무팀'처럼 구체적인 대상을 지목하면 독자는 '어? 이거 내 이야기네?' 하고 몰입하게 됩니다. AI에게도 이 정보는 중요합니다. '어떤 상황에서 유효한 정보인가?'가 **답변의 정합성을 판단하는 기준**이 되기 때문입니다. '이 혜택은 누구에게 돌아갔는가?', '어떤 상황에서 효과가 있었는가?'를 넣어 주세요.

> **예시** 특히 인력이 부족한 스타트업 영업팀은….
> 지점이 여러 개인 프랜차이즈 매장 관리자에게 가장 효과적이었습니다.

맥락이 붙는 순간, 같은 수치라도 아무에게나 해당되지 않는 구체적인 해결책으로 인식됩니다.

4단계 혜택/행동 — 그래서 삶이 어떻게 바뀌었는가?

마지막으로 기능이 아닌 가치를 보여 주는 단계입니다. 단순히 '시간이 줄었다', '비용이 절감됐다'로 끝내지 말고, 그 결과 사람의 하루와 일이 어떻게 달라졌는지까지 묘사해야 합니다. '독자가 얻을 수 있는 구체적인 이득은 무엇인가?', '어떤 행동이 가능해졌는가?'를 표현해 주세요.

> **예시** 하루 3시간이 비면서 팀은 신규 고객 발굴과 제안서 작성에 더 많은 시간을 쓸 수 있게 됐습니다.
> 월말마다 야근하던 인사 담당자는 '급여 마감일에 밤 11시까지 붙잡혀 있던 일이 사라졌다'고 합니다.

이 구간이 바로 인간 독자의 마음을 움직이는 클라이맥스입니다. AI에게는 결과를 잘 정리한 문장이지만, 사람에게는 나도 저렇게 되고 싶다는 욕구를 불러일으키는 문장이 됩니다.

4단계로 완성한 문단 해부하기

이중 글쓰기의 4단계 공식은 실제로 어떻게 작동할까요? A사의 마케팅 자동화 솔루션 사례로 구조를 한번 쪼개 보겠습니다. 다음은 이중 글쓰기 문단 구성의 4단계로 완성한 문단입니다.

[완성한 문단 예시]

A사의 마케팅 자동화 솔루션은 리드 응답 시간을 68% 단축했습니다(내부 데이터, 2025. 02.). 덕분에 일손이 부족한 **스타트업 영업팀**은 단순 반복 입력 업무에서 해방되어 업무 시간을 **하루 평균 3시간 줄였고, 그 결과 '퇴근이 빨라지고 고객 응대 품질이 높아졌다'**고 평가했습니다.

완성한 문단을 4단계로 다시 쪼개 보면 다음과 같습니다.

[1단계] 핵심 주장(무엇을 달성했는가?)

A사의 마케팅 자동화 솔루션은 리드 응답 시간을 단축했습니다.

→ AI: 이 문단은 마케팅 솔루션 성과에 대한 내용이구나.

→ 인간: 효과가 있었는지부터 바로 알려 주네.

[2단계] 근거 수치(얼마나/어떤 기준으로 변화했는가?)

68% 단축했습니다(내부 데이터, 2025. 02.).

→ AI: 구체적인 수치(68%) + 출처(내부 데이터, 날짜) 확인, 신뢰할 수 있는 데이터로 분류

이렇게 보면 한 문단은 사실 **4개의 문장 블록으로 조립한 구조물**에 가깝습니다. AI는 1, 2단계에서 '이건 신뢰할 수 있는 콘텐츠다'라고 평가하고, 인간은 3, 4단계에서 '이건 나에게 의미 있는 변화다'라고 느낍니다. 이처럼 4단계 구조를 갖춘 문단은 검색 엔진과 AI, 그리고 인간 독자 모두에게 강력하게 작동합니다. **1, 2단계**는 AI에게 '이것은 신뢰할 수 있는 정보입니다'라는 신호를 보내 인용과 노출의 기반이 됩니다. **3, 4단계**는 검색해서 들어온 사람에게 '이것은 바로 당신을 위한 해결책입니다'라는 공감을 주어 행동과 전환을 이끕니다.

정보와 감정이 함께 작동하는 이중 글쓰기, 이것이 바로 내 콘텐츠를 스쳐 지나가는 검색되는 글이 아니라 AI와 사람 모두에게 기억되는 글로 만드는 설계법입니다.

하면 된다! } 이중 글쓰기 문단 조립 연습하기

지금까지 이론은 충분히 배웠습니다. 이제부터는 직접 손을 움직여 보겠습니다. 막연히 '잘 써봐야지'가 아니라 [주제 선정 → 뼈대 구축 → 팩트 주입 → 감정 터치]의 4단계만 밟으면 됩니다.

평범한 경험담 한 줄도 이 4단계를 거치면 AI에게는 신뢰할 만한 데이터로, 인간에게는 공감되는 이야기로 재탄생합니다. 펜을 들고 차례대로 따라해 보세요.

01. 주제 정하기 — 변화(Before & After)가 있는가?

먼저 어떤 이야기를 쓸지 정해야 합니다. AI는 현재 상태보다 전과 후의 변화를 좋아하고, 인간은 결과 자체보다 그 변화 과정에서 보인 성장에 끌립니다.

따라서 최근 6~12개월 안에 경험하거나 해결한 일 중에서 하기 전과 하고 난 후가 확실히 달라진 사례 하나를 골라 직접 써보세요. 이번 실습에서는 다음 중에서 첫 번째 주제 예로 진행해 보겠습니다.

예시 업무 효율 개선: 야근 시간이 줄었다.
마케팅 성과: 광고 클릭률이 올랐다.
다이어트/운동: 체지방이 줄고 체력을 회복했다.

[내 주제]

____

____

02. 뼈대 세우기 — 문단 구성 4단계 블록 조립

이제 4단계 공식(❶ 주장 → ❷ 근거 → ❸ 맥락 → ❹ 혜택)을 이용해서
문단의 기본 골격부터 잡습니다. 아직 숫자가 정확하지 않아도 괜찮습
니다. 흐름을 먼저 잡는 것이 중요합니다.

예시

[1단계] 핵심 주장

_________을(를) 도입하여 _________ 문제를 해결했습니다.

[2단계] 근거 수치

그 결과, 수치가 약 _________만큼 좋아졌습니다.

[3단계] 대상/맥락

이 변화는 특히 _________ 상황에 놓여 있던 _________에(게) 큰 도움이 되었습니다.

[4단계] 혜택/행동

덕분에 _________하는 스트레스에서 벗어나, 이제는 _________할 수 있게 되었습니다.

이 네 문장을 이어 붙이면 이미 초안 문단 1개가 완성됩니다.

[문단 구성 4단계 블록]

1단계 ____

2단계 ____

3단계 ____

4단계 ____

03. AI용 팩트 주입

이제 골격에 숫자와 출처를 채워 넣어 AI가 '이건 검증할 수 있는 데이터다'라고 인식하도록 만들어야 합니다. 모호한 표현을 모두 숫자·기간·출처로 바꾸어 보세요.

예시

2024년 3분기에 협업 툴을 '노션'으로 전환한 결과, 프로젝트 평균 완료 기간이 14일에서 7일로 50% 단축되었고, 팀의 주 평균 야근 시간은 8시간에서 1시간 미만으로 감소했습니다(3개월간 내부 데이터 측정).

여러분도 위 예시를 참고하여 02단계에서 작성한 뼈대에 팩트를 추가해 보세요.

[팩트를 추가한 내 문단]

04. 인간용 온기 입히기

마지막 단계로 03단계의 차가운 숫자 뒤에 있는 진짜 이야기를 다뤄 보겠습니다. 동료의 반응, 고객의 말, 나 자신의 변화 등 '그 숫자가 현장에서 의미하는 것'을 한두 문장 덧붙입니다.

1. 팩트(fact) 문장

2024년 3분기에 협업 툴을 '노션'으로 전환한 결과, 프로젝트 평균 완료 기간이 14일에서 7일로 50% 단축되었고, 팀의 주 평균 야근 시간은 8시간에서 1시간 미만으로 감소했습니다(3개월간 내부 데이터 측정).

2. 온기(emotion) 문장

이 변화는 특히 여러 프로젝트를 동시에 진행하며 잦은 커뮤니케이션 오류를 겪던 기획팀에게 큰 의미가 있었습니다. 한 팀원은 '이제 불필요한 보고 업무 대신, 성과를 눈으로 확인하는 즐거움을 되찾았다'고 말했습니다.

[팩트 + 온기를 담은 내 문단]

이 4단계를 마치고 나면, 여러분 손에는 이미 다음과 같은 형식의 **완성형 이중 문단**이 놓여 있을 것입니다. 이 공식을 몸에 익히면 보도자료·블로그·링크드인 등 어느 포스트에 글을 써서 올리더라도 검색되는 글을 넘어서 기억되는 글로 AI에 꾸준히 인용될 것입니다.

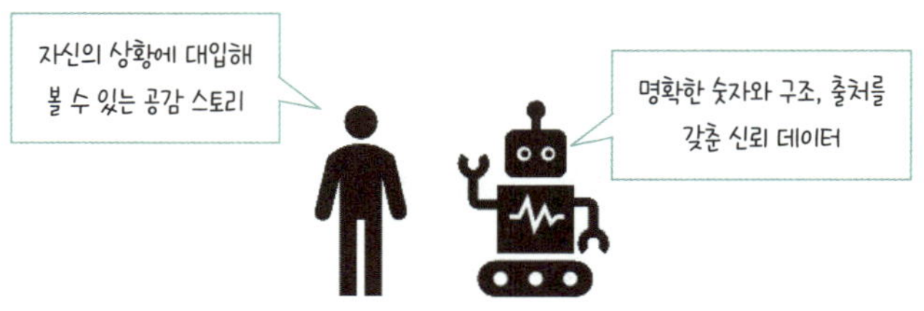

이중 글쓰기는 더 이상 선택이 아닙니다

완성한 문단을 읽어 보세요. AI가 가져갈 데이터와 인간이 공감할 스토리가 단단하게 결합되어 있나요? AI는 여러분의 문장을 단순한 정보가 아니라 답변의 재료로 평가합니다. 이중 글쓰기는 AI가 인용하고 독자가 기억하는 문장을 만드는 필수 생존 기술입니다.

하지만 문장을 잘 썼다고 해서 끝이 아닙니다. AI가 문장을 덩어리째 잘 가져가려면 적절한 크기로 잘려 있어야 합니다. 다음 절에서는 AI가 정보를 씹어 먹는 방식인 RAG와 청크chunk의 원리를 통해 내 글을 AI가 소화하기 좋은 단위로 자르는 방법을 구체적으로 배워 보겠습니다.

 RAG — AI가 글을 집어 드는 방식 이해하기

AI는 책을 통째로 읽지 않고 포스트잇만 떼어 간다

많은 사람들이 '좋은 글을 길게 써두면, 언젠가는 AI가 알아서 가져가겠지?'라고 생각합니다. 안타깝지만 현실은 다릅니다. 챗GPT, 구글 AI 오버뷰, 퍼플렉시티 뒤에서는 RAG라는 엔진이 돌아가고 있습니다. 이 엔진의 관점에서 보면 우리가 사용하는 글은 한 권의 책이 아니라 **포스트잇으로 잘라 쓸 수 있는 조각**들입니다.

▶ RAG란 Retrieval-Augmented Generation의 줄임말로 검색-증강-생성을 뜻합니다.

- **페이지**(page): 사람이 읽는 한 편의 완성된 글(큰 그림)
- **청크**(chunk): AI가 가져가는 몇 문장에서 한 문단 단위의 정보 조각(작은 단위)

우리가 아무리 공을 들여 3,000자짜리 블로그 글을 써도, 그 안에 독립적으로 떼어 낼 수 있는 청크가 없다면 AI 답변 속에는 단 한 줄도 남지 않습니다. AI 시대의 글쓰기는 더 이상 '이 페이지를 어떻게 이쁘게 꾸밀까?'가 아니라 '이 페이지 안에 어떤 청크를 심어 둘까?'의 싸움입니다.

RAG 3단계 — 팀원 3명이 협업한다고 생각하자

RAG를 글쓰기와 연결해서 이해하려면, AI를 3명이 협업하는 팀이라고 상상하는 것이 가장 쉽습니다.

- [1단계] 검색(retrieval) — 자료를 긁어 모으는 사서
- [2단계] 증강(augmentation) — 필요한 부분만 남기는 기자
- [3단계] 생성(generation) — 읽기 좋게 다시 쓰는 작가

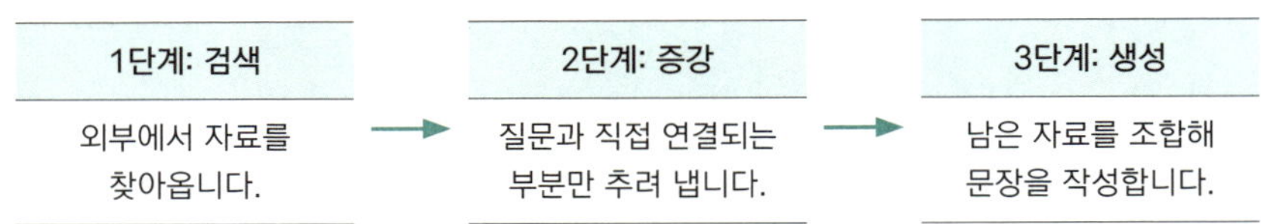

[1단계] 검색 — 자료를 긁어 모으는 사서

우리가 AI에 질문을 던지는 순간, 사서(검색)는 질문과 관련된 웹 사이트와 문서, PDF, 데이터베이스를 빠르게 훑어봅니다. 그리고 질문과 관련이 있을 법한 자료들을 책상 위에 한꺼번에 올려놓습니다. 이 단계까지는 여전히 페이지 단위입니다.

[2단계] 증강 — 필요한 부분만 남기는 기자

다음으로 기자(증강)가 등장합니다. 그에게는 우리 글 전체를 정독할 시간도, 의지도 없습니다. 그 대신 이런 질문을 던집니다. '지금 들어온 질문과 직접 연결된 문장/문단이 어디 있지?'

그래서 페이지 전체가 아니라 표 한줄, 정의 문장 하나, 수치와 출처가

담긴 짧은 문단처럼 독립적으로 가져다 쓸 수 있는 조각만 남겨 두고 나머지는 과감히 버립니다. 이때 남겨 둔 조각이 바로 청크입니다.

3단계 생성 — 읽기 좋게 다시 쓰는 작가

마지막으로 작가(생성)가 나섭니다. 선별자가 남겨 둔 여러 개의 핵심 청크들을 재료 삼아 문법에 맞고 앞뒤가 자연스러운 답변 하나를 다시 써내려rewriting 갑니다. 우리가 눈으로 화면에서 보는 것은 이 마지막 결과물이지만, 실제로는 그 안에 수많은 웹 페이지에서 잘려 나간 청크들이 섞여 있습니다.

글쓰기에 중요한 단계, '증강'에 모든 것이 걸려 있다

RAG 3단계 중에서 우리가 통제할 수 있는 지점은 단 하나, 바로 두 번째인 증강 단계입니다. 사실 검색 단계는 AI가 알아서 하는 것이고, 생성 단계 또한 AI가 사용하는 언어 모델의 능력에 따라 다르기 때문입니다. 그러나 '어떤 문장과 문단이 청크로 선택될 것인가'는 전적으로 우리가 글을 어떻게 써두었는가에 달려 있습니다.

예를 들어 어떤 보도자료에 '신제품 상세 스펙 표'와 'CEO의 감동적인 창업 스토리', '투자 유치 수치'가 모두 들어 있다고 가정합시다. 사용자가 '이 제품의 스펙을 알려 줘'라고 요청한다면, 선별자는 '스펙 표'가 있는 청크만 오려 가고 나머지는 과감히 버립니다.

하지만 '이 회사 투자 얼마나 받았어?'라고 질문한다면 투자 금액과 투자사명이 들어 있는 다른 청크가 선택됩니다.

(주)퓨처랩이 출시한 AI 스피커 '노바(NOVA)'는 무게 300g, 배터리 지속시간 24시간, 듀얼 마이크 탑재 등 동급 최고의 스펙을 자랑합니다. 김철수 CEO는 '어린 시절 할머니와 나눈 대화에서 영감을 받아 따뜻한 기술을 만들고 싶었다'며 창업 당시의 감동적인 일화를 전했습니다. 실제로 베타테스터 이영희 씨는 '노바 덕분에 혼자 사는 외로움이 사라졌다'며 극찬했습니다. 한편, 퓨처랩은 이러한 기술력을 인정받아 최근 A벤처스로부터 시리즈 A 투자금 50억 원을 유치하는 데 성공했습니다.

여기서 중요한 사실은 이것입니다. '아무리 멋진 스토리와 카피를 써도 **질문과 직접 연결되지 않으면 증강 단계에서 보이지 않는 존재가 됩니다.**' 그래서 AIEO의 관점에서 보면 우리는 이제 페이지 전체를 잘 쓰는 사람이 아니라, 질문별로 잘라 쓸 수 있는 청크를 심어 두는 사람이어야 합니다. 정리하면, RAG는 우리에게 이렇게 말하고 있습니다.

- AI는 글 전체에서 감동을 느끼지 않는다.
- AI는 질문과 직결되는 몇 개의 문장/문단만 가져간다.
- 따라서 경쟁 단위는 페이지가 아니라 청크다.

이는 글쓰기 전략을 완전히 바꿔 놓습니다. 한 편의 글로 모든 것을 설명하자는 것이 옛 전략이었다면, 이제는 섹션이나 문단을 **질문 하나에 바로 답할 수 있도록** 각각 설계하자는 새 전략으로 이동해야 합니다. 페이지의 완성도도 여전히 중요하지만, AI 시대에는 그보다 먼저 청크 단위의 완결성이 점수를 좌우합니다.

AI가 집어 들기 좋은 문장은 어떤 모습인가?

이번 절의 목표는 RAG 기술을 깊이 설명하는 것이 아닙니다. 우리가 반드시 가져가야 할 메시지는 단 하나입니다.

'AI는 글을 페이지가 아니라 청크 단위로 본다. 그러니 이제 문장과 문단을 **청크 단위 경쟁**에 맞게 다시 설계해야 한다.'

RAG의 원리를 이해했다면, 이제부터 문장을 고치는 일이 중요한 이유도 훨씬 선명해졌을 것입니다. 이어지는 실습에서는 내 글을 RAG 관점에서 다시 분석해 보겠습니다.

하면 된다! } RAG 관점으로 내 글 다시 분석해 보기

이번 실습에서는 새 글을 쓰지 않고 이미 써둔 글을 RAG의 눈으로 다시 분석해 보는 연습을 하겠습니다.

01. 기준이 될 원본 글 하나 고르기

먼저 이미 작성해 둔 글 하나를 선택하세요. 블로그 글, 보도자료, 링크드인 포스트, 회사 소개 페이지, 제품 설명 페이지 등 여러 글 중에서 누군가 이 글을 읽고 정보를 묻는 **질문을 할 수 있는** 글을 선택해 주세요.

02. 이 글을 읽고 궁금해할 질문 먼저 상상하기

RAG의 세계에서는 글보다 질문이 먼저입니다. 앞서 고른 글을 읽고 실제로 사람들이 궁금해할 질문을 뽑아 보세요. 생각이 나지 않는다면 다음 예시를 참고해서 질문 2~3개를 적어 보세요.

예시　이 제품의 핵심 기능은?
도입 효과는 어느 정도인가?
어떤 기업/사람에게 적합한가?
수치로 증명된 성과가 있는가?

[내 글을 읽고 궁금해할 질문]

1. ____

2. ____

3. ____

03. 질문 하나당 가져갈 수 있는 문장 표시하기

이제 원본 글을 다시 읽어 보세요. 이번에는 사람 독자가 아니라 AI 기자의 눈으로 봅니다. '이 질문을 받으면 AI가 그대로 떼어 가도 될 문장이 지금 이 글에 있나요?'

점검 체크리스트

질문	AI가 바로 가져갈 문장이 있는가?
질문 1	☐ 있다 / ☐ 없다
질문 2	☐ 있다 / ☐ 없다
질문 3	☐ 있다 / ☐ 없다

04. AI가 싫어할 문장 찾고 긴급 처방하기

이어서 AI가 바로 가져갈 문장에 없다고 체크한 문장 하나를 적어 보세요. 그리고 그 문장이 다음 질문에 해당하는지 체크해 보세요.

[AI가 버릴 가능성이 높은 문장]

긴급 처방 체크리스트

질문	체크(V)
감정 표현만 있고 정보가 없는가?	
'좋다', '중요하다', '의미 있다'로 끝나는가?	
수치·출처·대상이 없는 장문 서술인가?	
질문 하나로 요약되지 않는 문장인가?	

이러한 문장들은 사람에게는 친절하지만 RAG의 증강 단계에서는 거의 선택되지 않습니다. 그럼 이 문장들을 그대로 버려야 할까요? 이어지는 다음 절에서 AI가 싫어할 문장을 '황금 청크 문장'으로 바꾸는 실습을 진행해 보겠습니다.

 청크 문장 — AI가 가져가기 좋은 문장으로 바꾸기

AI가 청크를 선택하는 3가지 기준 — AI는 무엇을 보는가?

AI는 페이지 전체를 한 번에 가져가지 않고 답변에 필요한 몇 문장(청크)만 골라서 인용합니다. 그러면 어떤 문장이어야 AI 기자의 가위에 잘려 선택될까요? AI가 청크를 고를 때 보는 기준은 **연관성**relevance, **구조화**structure, **신뢰**trust 이렇게 3가지입니다.

이 기준들을 동시에 만족시키는 문장만이 인용 경쟁에서 살아남습니다.

① 연관성 — 질문에 곧바로 답하는가?

빙빙 돌려 말하는 문장은 탈락입니다. 만약 사용자가 '전기차 산업은 얼마나 성장했나요?'라고 물었다면, AI는 성장했다는 단순한 감상보다 얼마나에 직답하는 문장을 우선시합니다.

질문과 무관한 답변	질문에 맞는 답변
전기차 산업은 빠르게 성장하고 있습니다.	2024년 국내 전기차 판매량은 전년 대비 42% 증가했습니다(한국자동차산업협회, 2024).

오른쪽 답변을 보면 질문에서 사용한 핵심 단어(전기차, 성장, 얼마나)에 숫자와 시점으로 바로 응답하는 것을 볼 수 있습니다.

② 구조화 — 가위로 자르기 좋은가?

AI는 길게 뭉쳐 있는 줄글을 싫어합니다. 문맥 추론을 많이 해야 하기 때문입니다. 반대로 표, 목록, FAQ처럼 잘게 나뉜 정보는 그대로 복사해서 붙여 넣기에 가장 좋은 완제품 청크입니다.

문단형(자르기 힘듦)	구조화형(바로 인용 가능)
스마트워치 A는 배터리가 오래가고 방수도 돼서 출퇴근부터 운동까지 무난하게 커버합니다. 제조사 자료에 따르면 기존 모델 대비 사용 시간이 늘었다고 하는데, 이런 조건을 고려하면 20만 원대 가격은 꽤 합리적인 편입니다. 다만 '오래 간다'는 기준이 사람마다 달라서, 실제 사용 환경에 따라 체감은 달라질 수 있습니다.	'스마트 워치 A' 핵심 스펙 • 배터리 수명: 7일(기존 대비 133% 향상) • 방수 등급: IP68 • 가격: 299,000원

같은 정보라도 오른쪽과 같이 줄글을 항목별 구조로만 바꿔도 AI 입장에서는 인용 편의성이 크게 달라집니다.

③ 신뢰 — '주장 옆에 '영수증(출처)'이 붙어 있는가?

AI는 의심이 많은 독자이기도 합니다. '잘 팔린다', '효과가 좋다'와 같은 문장은 출처가 없으면 AI는 위험한 문장으로 취급합니다. 핵심은 위치입니다. 주장하는 문장 바로 옆에 출처와 수치가 찰싹 붙어 있어야 AI가 '이 문장은 검증된 사실이구나!'라고 안심하고 가져갑니다.

주관적인 문장(근거 없음)	신뢰할 수 있는 문장(증거 포함)
요즘 전기차가 아주 잘 팔리고 있습니다.	국내 전기차 판매량은 2024년 기준 전년 대비 42% 증가했습니다(한국자동차산업협회, 2024).

주장과 근거가 떨어져 있으면 AI는 '이 수치가 저 주장과 정말 연결된 것인지' 헷갈립니다. 그러므로 [주장 → 수치 → 출처]를 하나의 덩어리로 묶는 연습을 해야 합니다.

내 글은 독립된 청크인가, 덩어리인가?

글을 발행하기 전에 30초만 투자해서 다음 체크리스트로 점검해 보세요. AI 심사관은 여러분의 글을 통째로 가져가지 않고 잘 잘리는 조각(청크)만 잘라서 가져갑니다. 내 글이 깔끔하게 잘리는지, 아니면 질겨서 잘리지 않는지 확인해 보세요.

청크 점검 체크리스트

항목	질문	체크(∨)
완결성	한 문단이 3~4개의 문장으로 이루어졌고 한 주제를 끝맺었는가?	
논리 구조	[결론(주장) → 근거(수치) → 출처] 순서를 지켰는가?	
데이터	AI가 읽을 수 있는 숫자(%, 가격, 날짜)를 포함했는가?	
밀착 경호	주장하는 문장 바로 옆에 출처를 붙였는가?	
포맷	줄글만 쓰지 않고 표, 목록, FAQ 같은 '잘라 쓰기 좋은 틀'을 사용했는가?	
독립성	'앞서 언급한 것처럼' 같은 불필요한 연결어 없이 그 문단만 떼어 내도 의미가 통하는가?	

RAG 친화적인 청크 설계 4대 기본 규칙

이제 단순히 문장 교정이 아니라 AI를 위한 정보 설계 관점으로 올라가 보겠습니다.

과거 SEO 시대에는 '페이지 전체를 어떻게 올릴 것인가'가 싸움의 단위였다면, AIEO 시대에는 '문단 하나하나를 완결된 답변으로 만들 수 있는가'가 승부처입니다. 다음 4가지 기본 규칙만 지켜도 여러분의 문장은 AI가 안심하고 인용하는 '황금 청크 문장'이 됩니다.

규칙 1 문단 길이는 3~4개의 문장으로

AI는 지나치게 긴 문단을 부담스러워합니다. 내용을 자르다 보면 논리가 뭉개질 위험이 있기 때문입니다. 반대로 1~2줄짜리 짧은 문단은 맥락이 부족해서 신뢰하기 어렵습니다.

가장 이상적인 문단 길이는 주제 하나를 **3~4개의 문장으로 완결하는 것입니다.** 한 문단을 하나의 주장과 핵심적인 수치, 짧은 해석 한 줄 정도로 조합하면 AI도 인간도 모두 읽기 좋습니다.

추상적인 장문 문단	3~4개 문장으로 완결한 문단
우리 회사는 고객을 가장 먼저 생각하는 혁신적인 기업입니다. 창립 이래 고객 중심의 경영 철학을 바탕으로 끊임없이 변화를 이어 가고 있습니다. 우리는 늘 새로운 도전을 두려워하지 않으며, 고객의 기대를 뛰어넘는 서비스를 제공합니다. 또한 모든 임직원이 한마음으로 고객 만족을 위해 노력하고 있습니다. **(중략)**	2024년 자사 고객 500명을 조사한 결과, 82%가 신제품의 직관적인 UI에 만족했습니다. 특히 20, 30대 사용자군에서 긍정적인 응답률이 90%로 가장 높았습니다(**자사 고객 만족도 조사, 2024. 7.**). 이 결과는 '고객 우선'이라는 우리의 메시지가 실제 서비스 경험에서도 확인되고 있음을 보여 줍니다.

규칙 2 　주장 옆에 출처 붙이기

AI의 관점에서 가장 위험한 구조는 앞에서 주장하고 출처를 훨씬 뒤에 제시하는 경우입니다. 출처가 주장에서 멀리 떨어져 있으면 이 출처가 저 주장에 대한 증거인지 애매합니다. 반대로 다음처럼 **주장·수치·출처가 한 문장 안에 들어 있으면** AI는 그 전체를 하나의 청크로 분류합니다. 공식처럼 외워 두면 좋습니다. '숫자를 쓰면, 그 자리에서 바로 출처까지 붙인다.'

출처가 멀리 떨어진 경우	출처가 바로 붙인 경우
국내 전기차 시장은 빠르게 성장하고 있습니다. (… 중략 …) 출처: 한국자동차산업협회, 2024.	국내 전기차 판매량은 2024년 기준 전년 대비 42% 증가했습니다(한국자동차산업협회, 2024).

규칙 3 　소제목을 질문형으로 바꾸기

AI는 기본적으로 질문에 답하는 기계입니다. 따라서 평서문인 소제목을 **질문형**으로 바꾸면, AI는 그 제목을 사용자의 질문으로 보고, 또 소제목 바로 아래 본문을 답변 후보로 인식합니다.

이렇게 소제목을 질문형으로 바꾸면 인간 독자는 '어? 내 이야기인가?' 하고 집중하고, AI는 '이건 FAQ 구조구나!' 하고 인용률을 높입니다. 책, 블로그, 랜딩 페이지 등 글이 있는 곳이라면 어디든 핵심 문단의 소제목 2~3개만 질문형으로 바꿔도 AI 친화도와 가독성이 동시에 올라갑니다.

일반 소제목	질문형 소제목
제품 특징	Q. 이 제품의 차별점은 무엇인가요?

규칙 4 표, 목록, FAQ 적극 활용하기

줄글은 큰 접시에 여러 음식을 섞어 놓은 것과 같습니다. 어디가 메인이고 어디가 곁들이인지 AI 입장에서 구분하기 어렵습니다. 이와 달리 표, 번호 목록, FAQ는 AI에게는 정갈하게 잘 담긴 도시락과 같습니다. 그중에 먹고 싶은 반찬만 골라 집어 가면 되기 때문입니다.

[항목 | 내용 | 수치 | 출처] 구성이 또렷할수록 AI는 이 부분을 안전하게 재사용할 수 있는 정보 블록으로 인식합니다.

예시 Q: 이 서비스의 가격은 얼마인가요?
A: 기본 요금은 월 29,000원이며, 연간 결제 시 15% 할인 혜택을 제공합니다.

지금까지 살펴본 것처럼, AIEO 시대의 글쓰기는 더 이상 문장을 예쁘게 다듬는 기술에 머무르지 않습니다. 다음 3가지를 만족하는 청크가 AI 인용의 기본 단위가 됩니다.

- **연관성**: 질문에 직답하는 문장
- **구조화**: 잘라서 쓰기 좋은 포맷
- **신뢰**: 주장 옆에 붙은 수치와 출처

이제 콘텐츠 실무자의 역할은 단순한 작가를 넘어 정보 설계자에 가깝습니다. 사람이 읽을 글과 AI가 복사해 갈 글(청크)을 동시에 설계하는 것, 이것이 바로 검색의 시대(SEO)를 넘어, 인용의 시대(AIEO)로 넘어가는 가장 현실적인 해법입니다.

이어지는 실습에서 황금 청크 문장을 만들어 보겠습니다.

하면 된다! } AI가 한입에 삼키는 '황금 청크 문장' 조각하기

AI는 웹 페이지 전체가 아니라 독립적으로 완결된 청크 단위로 정보를 섭취합니다. 이번 실습에서는 내가 쓴 평범한 줄글을 AI가 가장 좋아하는 '황금 청크 문장'으로 리모델링해 보겠습니다. 레고 블록을 조립하듯 하나씩 따라와 주세요.

01. 원석 고르기 ─ AI에게 먹일 핵심 문단 선택

먼저 내가 쓴 글(보도자료, 블로그 글, 뉴스레터 등) 중에서 '이 내용만큼은 AI가 인용했으면 좋겠다' 싶은 핵심 문단을 선택합니다. 단, 조건이 있습니다. 앞뒤 문맥을 통째로 가져오지 않고 이 문단 하나만 뚝 떼어 놓아도 누구나 내용을 이해할 수 있어야 합니다.

앞서 04-3절의 하면 된다!에서 실습했던 RAG 관점이 부족한 내 글을 가져와 이어서 실습해도 좋습니다.

예시

'앞서 말한 것'처럼 우리 솔루션은 업데이트한 후 협업 기능이 좋아져서 업무 효율이 높아졌습니다.

(→ '앞서 말한 것'이 없으면 AI도 사람도 이해하기 어렵습니다)

[내가 고른 나쁜 문단]

02. 문단 길이 조정

AI는 장황하게 서술하는 것을 싫어합니다. '매우 획기적인'과 같은 불필요한 형용사와 접속사 위주의 문장을 걷어 내고 3~4개의 문장 안에서 **[핵심 주장 → 근거 → 결론]** 구조만 남겨야 합니다.

예시

'워크플로' 솔루션의 2024년 3분기 업데이트로 협업 기능이 강화되어 **업무 효율이 평균 25% 향상**되었습니다. 이번 업데이트는 실제 사용자 200명의 피드백을 기반으로 진행했습니다. 특히 프로젝트 관리 기능에서 가장 높은 만족도를 보였습니다.

[나쁜 문단에서 형용사와 접속사 위주의 문장을 걷어 낸 문단]

03. 주장 옆에 출처 붙이기

주장만 있고 증거가 없으면 AI는 의심합니다. 그러므로 수치나 성과가 등장하는 문장 바로 옆에 괄호를 사용해서 출처를 반드시 붙이세요. 이렇게 출처는 AI에게 건네는 신뢰의 영수증 역할을 합니다.

'워크플로' 솔루션의 2024년 3분기 업데이트로 협업 기능이 강화되어 업무 효율이 평균 25% 향상되었습니다(자사 A/B 테스트 결과). 이번 업데이트는 실제 사용자 200명의 피드백을 기반으로 진행했습니다. 특히 프로젝트 관리 기능에서 가장 높은 만족도를 보였습니다.

[주장 옆에 출처를 붙인 문단]

04. 소제목을 질문형으로 바꾸기

밋밋한 소제목을 질문 형태로 바꾸면 AI는 사용자가 질문하는 것으로 여기고, 바로 아래에 있는 내용을 답변으로 인식합니다. 이렇게 하면 AI가 인용하기 좋은 청크로 완성됩니다.

워크플로 솔루션의 최신 업데이트 효과는 무엇인가요?

'워크플로' 솔루션의 2024년 3분기 업데이트로 협업 기능이 강화되어 업무 효율이 평균 25% 향상되었습니다(자사 A/B 테스트 결과). 이번 업데이트는 실제 사용자 200명의 피드백을 기반으로 진행했습니다. 특히 프로젝트 관리 기능에서 가장 높은 만족도를 보였습니다.

[질문형으로 바꾼 내 글의 소제목]

05. 표, 목록, FAQ 적극 활용하기

줄글 속에 숨어 있는 숫자와 항목을 끄집어 내어 표나 목록 형태로 재구성해 보세요. AI가 파싱하기 가장 좋은 형식으로 바꾸는 것입니다.

`예시`

워크플로 솔루션의 최신 업데이트 효과는 무엇인가요?
‘워크플로’ 솔루션의 2024년 3분기 업데이트로 협업 기능이 강화되어 업무 효율이 평균 25% 향상되었습니다(자사 A/B 테스트 결과). 이번 업데이트는 실제 사용자 200명의 피드백을 기반으로 진행했으며, 주요 개선 항목은 다음과 같습니다.
- 프로젝트 관리: 칸반 보드 내 실시간 동기화 속도 30% 개선
- 파일 공유: 대용량 파일(1GB 이상) 업로드 시간 50% 단축
- 보고서 자동화: 주간 보고서 생성 시간 평균 15분 → 2분으로 단축

[목록 형태로 구조화한 내 문단]

이렇게 정보를 구조화하면 AI는 청크로 인식하고 답변을 만들 때 그대
로 복사해 가는 경향이 강합니다.

06. 청크 점검 체크리스트
마지막으로 내가 완성한 문단이 AI가 가져다 쓰기 좋은 '황금 청크 문장'
인지 다음 체크리스트로 점검해 봅시다.

황금 청크 문장 체크리스트

항목	질문	체크(V)
완결성	한 주제를 3~4개의 문장으로 완결했는가?	
신뢰성	핵심 주장 문장 바로 옆에 출처(영수증)가 있는가?	
매칭률	소제목을 질문형으로 바꿔서 AI의 질문 언어와 맞췄는가?	
가독성	복잡한 정보는 표나 목록으로 시각화했는가?	

페이지의 시대에서 청크의 시대로!

과거 SEO 시대에는 사람이 클릭할 만한 페이지를 검색 엔진 상위에 올
리는 것이 목표였다면, AIEO 시대의 승부는 AI가 가져다 쓸 만한 문단
(청크)을 얼마나 잘 조각하느냐에 달렸습니다.

여러분의 글을 청크 단위로 다시 쓰는 순간, 그 글은 더 이상 스크롤 속
에 묻히는 정보가 아니라 AI가 가장 먼저 찾아내는 대표 답변이 됩니다.
이제 통짜 글쓰기를 멈추고, 조립할 수 있는 레고 블록(황금 청크 문장)
을 만들어 보세요.

게시 전 10가지 질문을 해결하자!

좋은 글을 쓰는 것과 AI가 인용하는 글을 쓰는 것은 이제 다른 차원의 문제입니다. 지금까지 우리는 이중 글쓰기, RAG, 청크라는 개념을 통해 AI에게는 구조·수치·출처를, 인간에게는 맥락·스토리·감정을 동시에 설계하는 방법을 살펴봤습니다.

이제 남은 과제는 단순합니다. '매번 이렇게 쓸 자신이 없는데…' 이런 걱정을 하지 않도록, 글을 발행하기 전 3분 안에 실시할 수 있는 자기만의 점검 루틴을 만드는 것입니다.

여기에서 소개하는 10가지 질문은 '완벽한 글쓰기'를 위한 기준이 아니라, AI 시대에 최소한 이 정도는 지키자는 'AIEO 글쓰기의 안전선'입니다. 글을 한 편 마무리할 때마다 이 10가지 질문을 훑어보며, 조금씩 자기 언어에 맞는 맞춤형 체크리스트로 완성해 보세요.

> **Q1** 이 문장은 'AI용 신호(Signal)'와 '인간용 공감(Empathy)'을 동시에 담았는가?

숫자·기간·비율 같은 정량 신호와, '누가·어떤 상황에서'라는 맥락 요소가 한 문장 안에 함께 있는지 살펴봅니다.

예시 3개월간 15회 테스트로 전환율 25%를 개선했고, 야근이 평균 6시간 줄었습니다.

Q2 형용사만 '근거 없이' 반복되고 있지는 않습니까?

'좋다/탁월하다/혁신적이다/효과적이다'와 같은 표현만 남아 있으면 AI 는 정보 값이 근거가 낮다고 판단합니다. 내 글에 형용사만 보이면 "얼마나, 무엇이, 어떻게"로 바꿉니다.

예시 효율이 좋아졌습니다 → 처리 시간이 42% 단축되었습니다.

Q3 한 문단이 3~4문장 안에서 하나의 주제를 완결하고 있습니까?

문단 길이가 지나치게 길면 AI가 중간에서 잘라 쓰기 어렵고, 1~2줄짜리 문단은 맥락이 부족해 신뢰도가 떨어집니다. '주장 + 근거 + 맥락/혜택'이 들어간 3~4문장으로 정리해 보세요.

Q4 문단 구조가 [주장 → 근거(수치) → 출처] 흐름으로 읽힙니까?

'좋다'라고 말했다면, AI는 '얼마나(수치)', '언제/어떤 기준(출처)'이 바로 이어지는지 확인합니다. 이 순서가 지켜지면 AI는 검증 가능한 덩어리로 인식합니다.

Q5 주장 바로 옆에 '영수증(출처)'이 붙어 있습니까?

출처는 '몇 줄 아래 어딘가'가 아니라, 같은 문장/바로 다음 문장에 붙어 있는지가 중요합니다. 출처가 멀리 떨어져 있으면, AI가 주장-근거를 잘못 연결할 수 있습니다.

예시 전환율이 25% 올랐습니다(2024년 3분기 자체 A/B 테스트).

Q6   이 문단은 앞뒤를 잘라도 스스로 서 있을 수 있습니까?
(독립 청크 여부)

'앞서 말한 것처럼', '위에서 설명했듯이' 같은 연결어 표현은 AI에게 경고 신호입니다. 문단 하나만 따로 떼어도 '누가·무엇을·어떻게·얼마나'가 포함되어 있어, AI가 이해할 수 있어야 합니다.

Q7   소제목을 '질문형'으로 바꿨을 때, 자연스럽게 Q&A 구조가 됩니까?

질문형 소제목 아래 문단은 AI에게는 질문에 대한 '답변 세트', 사람에게는 '궁금증 해결 문단'으로 작동합니다.

예시   서비스 특징 → Q. 이 서비스는 무엇이 다르고, 어떤 상황에서 유용합니까?

Q8   중요한 정보가 줄글에 묻히지 않도록 리스트·표·FAQ로 한 번 더 구조화되어 있습니까?

가격, 기간, 기능, 단계처럼 '칸이 나뉘는 정보'는 반드시 표나 목록으로 한 번 더 정리합니다. AI는 줄글보다 구조화된 포맷을 더 쉽게 인용 단위로 인식합니다.

Q9   엔티티(브랜드명·제품명·서비스명) 표기가 문서 전체에서 일관됩니까?

'Notion/노션/notion.so/노션툴'처럼 표기가 흔들리면 하나의 대상(엔티티)으로 연결되지 않을 수 있습니다. 로마자/한글 병기 규칙을 정하고, 끝까지 같은 표기를 일관되게 반복합니다.

Q10 핵심 주장(정의/결론)이 '한입 크기'로 잘려도 의미가 통하도록
문장 하나로 정리되어 있습니까?

AI가 가장 먼저 집어 드는 것은 '짧고 완결된 결론 문장'입니다. 가능한
한 첫 문장 또는 문단 첫머리에 '정의/결론 문장'을 배치해 보세요.

예시 AIEO는 AI가 인용하기 쉬운 형태로 문장과 구조를 설계하는 방법입니다.

AIEO 시대 글쓰기는 루틴이 핵심이다

AI가 가져가기 편한 문장은 어쩌다 한 번 영감을 받아 쓴 문장이 아니라
반복되는 점검 루틴에서 만들어집니다. 글을 한 편 쓸 때마다 AIEO 문
장 점검표에 제시한 질문 10개 중에서 몇 개에 '예'라고 답할 수 있는지
스스로 점검해 보세요.

시간이 지나면서 '나는 항상 [Q1], [Q5], [Q6]에서 자주 걸린다'와 같은
패턴이 보이기 시작할 겁니다. 그 순간부터 AIEO 글쓰기는 재능이 아니
라 습관과 시스템이 핵심이라는 것을 깨닫게 됩니다.

검색의 시대에는 얼마나 많이 쓰느냐가 중요했다면, 인용의 시대에는
'발행 전 몇 분을 어떻게 쓰느냐'가 중요합니다. 앞에서 소개한 문장 점
검표를 기반으로 자신만의 AIEO 발행 전 루틴을 만들어 보세요. 그 루
틴이 쌓이는 만큼, 여러분의 문장은 AI와 인간 모두에게 선택되는 문장
으로 진화할 것입니다.

분류	질문	확인
이중 글쓰기 점검	이 문장에 'AI용 신호'와 '인간용 공감'을 동시에 담겼는가?	
	근거 없는 형용사만 반복되고 있지는 않는가?	
문단 조립 점검	한 문단이 3~4문장 안에서 하나의 주제를 완결하고 있는가?	
	문단 구조가 [주장 → 근거(수치) → 출처] 흐름으로 읽히는가?	
	주장 바로 옆에 '영수증(출처)'이 붙어 있는가?	
RAG 관점 점검	이 문단은 앞뒤를 잘라도 이해할 수 있는가?	
	소제목을 '질문형'으로 바꿨을 때, 자연스럽게 Q&A 구조가 되는가?	
청크 설계 점검	중요한 정보가 리스트·표·FAQ로 한 번 더 구조화되어 있는가?	
	엔티티 표기가 문서 전체에서 일관되는가?	
	핵심 주장이 문장 하나로 정리되어 있는가?	

AIEO 진단 도구로
내 콘텐츠 건강 점검하기

이제 이론은 충분합니다. 이중 글쓰기, 청크 설계, 질문형 소제목까지 배웠다면, 남은 일은 내 글이 실제로 AI 기준에서 몇 점짜리인지 확인해 보는 것입니다. 마지막으로 독자분들을 위해 선물을 준비했습니다. 제가 준비한 AI 검색 최적화(AIEO) 진단 도구(bit.ly/easys_aieo1)는 여러분의 콘텐츠를 AIEO 관점에서 한번에 점검해 주는 AI용 건강검진센터입니다.

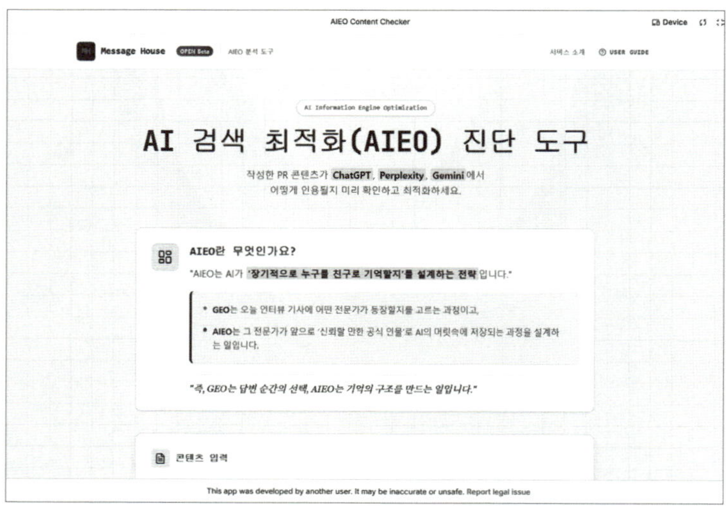

AI 검색 최적화(AIEO) 진단 도구(bit.ly/easys_aieo1)

다음 순서를 따라 한 편만 제대로 돌려 보면, 앞으로 어떤 글을 쓰든 AIEO 관점의 눈을 가진 상태에서 작업할 것입니다.

01. 대표 콘텐츠 한 편 고르기

먼저 점검할 대상으로 최근 6개월 안에 발행한 글 중에서 하나를 정합니다. 감으로 고르지 말고, 검색에서 잘 잡혔으면 하는 내용이나 자신의 브랜드를 대표한다고 생각하는 글을 찾는 방식으로 좁혀 보세요. '이 글은 사람에게도 중요하고, AI에게도 꼭 인용되었으면 좋겠다' 싶은 한 편이면 충분합니다.

예시　제품/서비스 소개 페이지, 랜딩 페이지, 회사 소개 블로그 글, 핵심 보도자료 1편 등

여러 편을 한꺼번에 점검하는 것보다 **대표작 하나를 깊게 분석**하는 편이 학습 효과가 큽니다. 선택한 글의 본문을 통째로 복사해서 AIEO 진단 도구의 입력창에 붙여 넣은 후 [분석 시작]을 클릭합니다.

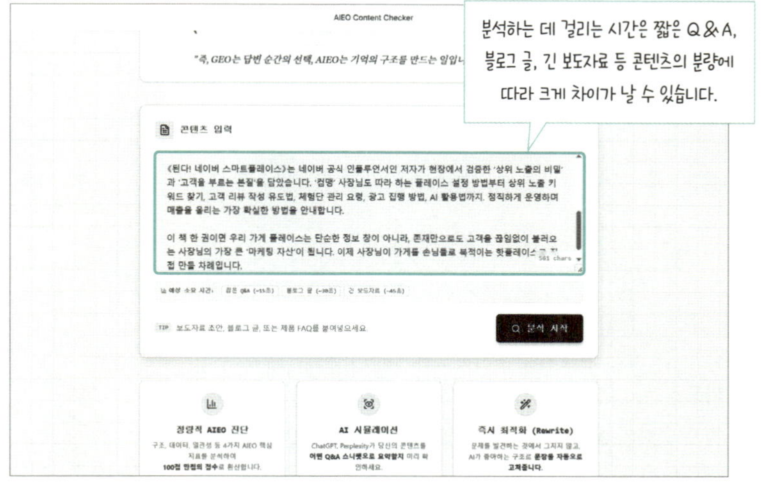

02. 총점과 4가지 세부 지표로 분석하기

진단을 실행하면 분석 페이지에서 **총점과 4가지 세부 지표**가 나타납니다. 지금 진단하는 글이 AIEO 관점에서 전반적으로 어느 정도 수준인지를 '구조 가독성', '데이터 존재 여부', '일관성 및 반복', '스니펫 추출 가능성'이라는 4가지 항목으로 분석해 줍니다.

▶ **스니펫**(snippet): '작은 정보'라는 뜻으로, 사용자의 검색 의도에 맞는 핵심 정보를 요약해서 보여 주는 요약문을 의미합니다.

- **구조적 가독성**이 낮다면 → 문단 구조와 소제목을 손봐야 합니다.
- **데이터 존재 여부**가 낮다면 → 숫자·날짜·출처가 부족해서 채워야 합니다.
- **일관성 및 반복**이 낮다면 → 키워드와 브랜드명을 들쭉날쭉 사용하니 통일해야 합니다.
- **스니펫 추출 가능성**이 낮다면 → 표, 목록, FAQ 등 청크 설계가 약하니 관련 자료를 추가해야 합니다.

점수가 가장 낮은 항목을 체크해 두세요. 고칠 우선순위는 '가장 낮은 항목 1~2개'면 충분합니다.

03. AI 예상 스니펫 비교 ― AI가 뽑은 한 줄, 내가 원하는 한 줄

화면 아래로 내려가면 AI 예상 스니펫이 표시됩니다. AI가 여러분의 글을 인용해서 답변을 만든다면, 화면에 이렇게 노출될 것이라고 보여 주는 '미리 보기'입니다.

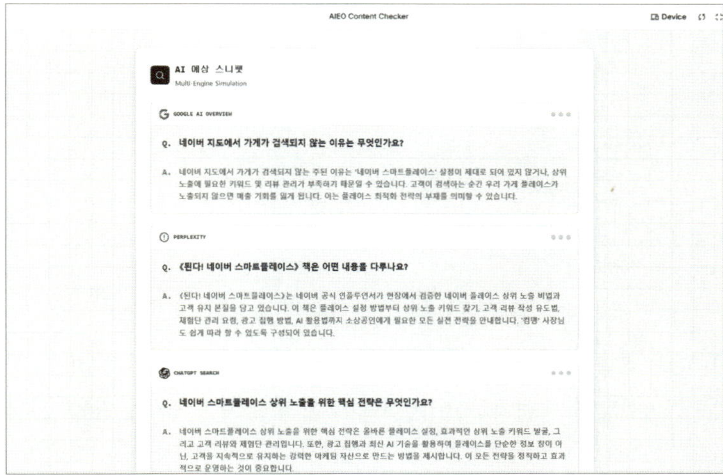

먼저 내가 이 글에서 가장 강조하고 싶은 문장 하나를 골라 따로 적어 봅니다. '이 글의 핵심 메시지를 한 줄로 쓴다면?' 자신에게 이렇게 물어보세요. 그다음으로 AIEO 진단 도구가 보여 준 스니펫과 내가 고른 문장 한 줄을 나란히 놓고 비교합니다.

질문은 2가지입니다. 하나는 AI가 뽑은 문장이 '내가 전하고 싶은 메시지와 얼마나 겹치는가?' 이고, 만약 다르다면 '메시지의 초점이 어디에서 어긋났는가?' 입니다.

04. AIEO 리라이트 엔진 활용하기 — 채널별 '샘플 답안' 참고하기

아래로 더 내려가면 AIEO 리라이트 엔진이 있습니다. 여기에서는 같은 원본 텍스트를 기반으로 4가지 버전을 자동으로 생성해 줍니다.

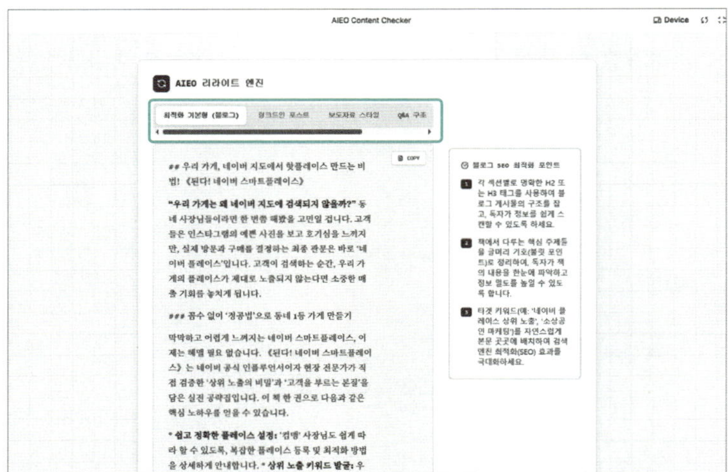

여기서의 답변은 샘플 답안임을 기억해야 합니다. '그대로 쓰자'가 아니라 'AI 기준으로 문장을 어떻게 재배치하고, 어디에 수치와 출처를 붙였는가'를 관찰해야 합니다.

- **블로그**: 서론-목차-FAQ의 구조와 내부 링크를 어떻게 배치했는가?
- **링크드인**: 첫 문장 후킹, 이야기 흐름, 마지막 CTA를 어떻게 정리했는가?
- **보도자료**: 헤드라인, 리드 문, 보디 구조에서 수치와 인용문을 어디에 배치했는가?
- **Q&A / TL;DR**: 어떤 질문을 앞에 세웠고, 답변을 얼마나 단단한 청크로 만들었는가?

▶ TL;DR: "too long; didn't read(너무 길어서 읽지 않았다)"라는 뜻으로, 어떠한 텍스트가 그 길이 때문에 무시되고 있다는 것을 말하는 인터넷 속어입니다. 온라인 게시물이나 신문 기사의 요약을 위한 기표로도 사용됩니다.

4가지 버전 중에서 한 채널만 골라서 내가 실제로 운영하는 채널에서 바로 사용할 수 있도록 수정해 보세요. 도구의 초안을 그대로 복사하는 대신, 나만의 톤과 예시를 덧입히는 과정이 중요합니다.

05. 루틴으로 묶기 — 월 1회 AIEO 건강검진 습관 만들기

AIEO 진단 도구의 진짜 가치는 점수 자체가 아니라 루틴입니다. 한 번 돌려보고 끝내면 재미있는 실험으로 남지만, 월 1회 반복하면 글쓰기 습관이 달라집니다. 다음과 같이 간단한 루틴을 만들어 보세요.

> ① 매월 첫째 주 금요일에 그달 가장 중요한 콘텐츠 1~2편을 선택해서 AIEO 진단 도구의 검색 창에 붙여 넣습니다.
> ② 진단 리포트를 출력하거나 저장해 두었다가, 앞에서 소개한 **AIEO 문장 점검표의 질문 10개**와 나란히 놓고 확인합니다.
> ③ 점수가 가장 낮은 항목 1개만 골라서 그 항목에 해당하는 문단과 문장만 집중 수정합니다.
> ④ 문단 또는 문장을 수정한 후 다시 AIEO 진단 도구를 실행해서 **전후 점수와 스니펫의 변화를** 비교합니다.

진단 도구는 일종의 훈련 파트너입니다. AIEO 진단 도구를 매달 한 번씩 규칙적으로 실행하면 여러분의 글은 더 이상 운에 맡기는 콘텐츠가 아니라, AI와 인간이 동시에 신뢰하는 전략 문장으로 진화할 것입니다.

이제 남은 일은 하나입니다. 오늘 이 책을 덮기 전에 여러분이 가장 아끼는 글 한 편을 선택해서 AIEO 진단 도구의 검색 창에 붙여 넣어 보세요. 그 순간부터 여러분의 글쓰기는 수정할 수 없는 고정된 글이 아니라, 계속 업그레이드되는 살아 있는 시스템이 됩니다.

인용의 시대,
우린 어떻게 해야 할까?

PR과 콘텐츠 마케팅의 세계에서 한동안 정답처럼 여겼던 단어가 있습니다. 바로 SEO입니다. 검색 엔진의 구조를 이해하고 키워드를 정교하게 배치하며 사람이 검색할 만한 질문을 예측해서 콘텐츠를 설계하는 일이죠. SEO는 오랫동안 가장 합리적인 전략이었고 실제로 많은 성과를 만들어 냈습니다.

하지만 변화는 생각보다 조용하게, 그리고 빠르게 찾아왔습니다

AI의 등장은 단순히 새로운 도구 하나가 추가된 사건이 아니었습니다. 콘텐츠가 어떻게 수집되고, 어떻게 조합되며, 어떻게 소비되는지 그 전제가 바뀌는 계기였습니다. 이제 글은 '검색 결과에 노출되는 대상'이 아니라 AI에게 해체되고, 재조립되어, 답변의 일부로 호출되는 재료가 되었습니다.

이 책에서 다룬 AIEO^(AI Information Engine Optimization)의 원칙과 기준 역시 미래에 어떤 모습으로 진화할지는 누구도 장담할 수 없습니다. 기술은 늘 예측한 것보다 빠르게 앞서가기 때문입니다.

다만 분명한 것은 챗GPT, 구글 AI, 퍼플렉시티, 네이버 AI가 등장하면서 'AI 시대에 걸맞은 글쓰기란 무엇인가?'라는 질문을 더 이상 미룰 수 없게 만들었다는 사실입니다.

저는 2가지 질문 앞에서 꽤 오래 머물렀습니다

어떤 문장은 AI가 인용하고 어떤 문장은 버림받는 이유는 뭘까? 사람에게는 설득력 있던 문장이 어째서 AI는 '읽을 수 없는 문장'이 될까? 이 책은 2가지 질문에 대한 현재 시점에서 고민하고 관찰한 기록입니다.

사실 이 책은 AIEO 실전 편을 위한 준비 단계입니다

처음에는 이 책 뒤에 실전 마당을 추가하여 기업의 브랜드와 콘텐츠 마케팅, PR 실무자를 위한 실행 중심의 내용까지 함께 담고자 했습니다. 그러나 시간과 분량 문제로 먼저 AI 시대에 글을 쓰려면 무엇을 이해해야 하는가라는 출발점에 집중하기로 했습니다. 다양한 기술을 다루기 전에 사고방식을 정리하는 일이 무엇보다 중요하기 때문입니다.

AIEO를 실제 업무에 적용할 수 있는 워크시트와 점검 루틴, 사례 중심의 실천 편도 이어서 준비할 것입니다. 지금보다 진화한 AI 환경에서 좀 더 구체적인 실패와 성공을 모아 축적한 사례로 앞에서 배운 이론을 현장에서 사용할 수 있도록 실감 나게 전하려고 합니다.

미래는 늘 불확실하지만, 한 가지 분명한 것이 있습니다

바로 AI 시대의 커뮤니케이션에서는 더 잘 쓰는 기술이 아니라 더 잘 설계하는 사고를 요구한다는 점입니다. 이 책이 그 사고의 출발점이 될 것입니다. 그리고 그다음 질문은 독자 여러분의 몫으로 남겨 두고 싶습니다.

"나는 지금 누가 읽는 글을 쓰고 있는가?"

메시지하우스
이중대

찾아보기

영어

AI 분야 베스트셀러!

업무 · SNS · 일상 활용법 70가지 대공개!

제미나이 분야 1위!

보고서, 이미지 생성 등 70가지 예제 수록!
노트북LM, 구글 AI 스튜디오, 나노 바나나를 한 권에!

하루 만에 끝내는 제미나이 활용법

된다!

업무가 빨라진다! 스마트폰 활용도 OK!

AI 활용 전문 강사 **권서림** 지음

실시간 질문 가능!
저자가 직접 **오픈 채팅방** 운영!
저자 직강 동영상 제공!

저자 직강 동영상 강의 무료 제공!

최신 업데이트 반영!

이지스 퍼블리싱

AI 활용 전문 강사 권서림 지음 | 276쪽 | 20,000원

이지스 퍼블리싱